OS IMPROVÁVEIS

CARO(A) LEITOR(A),
Queremos saber sua opinião sobre nossos livros.
Após a leitura, siga-nos no
linkedin.com/company/editora-gente,
no TikTok **@editoragente** e
no Instagram **@editoragente**, e
visite-nos no site **www.editoragente.com.br**.
Cadastre-se e contribua com
sugestões, críticas ou elogios.

GERALDO RUFINO
ORGANIZADOR

Agnes Bastos Junqueira
Alberto Nairo Aguiar Frota Junior
Aline Villela
Arthur Rufino
Cesar Genehr
Cris Soares
Daniel Fonseca
Fátima Reis
Fernanda Costabile
Flavia Mardegan
Kalline Pondofe Santana
Kleiton Franciscatto
Loide Miranda
Lua Trindade
Magali Amorim Mata
Marcos Vilar
Ozana Ramos
Rafael Schinoff
Rafaella Ellen Rossoni Azeredo Maia
Renato Trisciuzzi
Sergio Buaiz
Silmara F. G. Medeiros
Thaís Brant
Thiago Fonseca
Ubirajara Ferreira
Vanessa Sens

OS IMPROVÁVEIS

COMO EMPREENDER COM RESILIÊNCIA E CONQUISTAR O **IMPOSSÍVEL**

Gente
AUTORIDADE

Diretora
Rosely Boschini

Diretora Editorial
Joyce Moysés

Editora
Juliana Fortunato

Produção Gráfica
Leandro Kulaif

Coordenação Editorial
Algo Novo Editorial

Preparação
Giulia Molina Frost

Capa
Bruno Ortega / BRO® studio

Projeto Gráfico
Márcia Matos

Diagramação e Adaptação de Projeto Gráfico
Vanessa Lima

Revisão
Ligia Alves e Fernanda Guerriero Antunes

Impressão
Edições Loyola

Copyright © 2025 by Agnes Bastos Junqueira, Alberto Nairo Aguiar Frota Junior, Aline Villela, Arthur Rufino, Cesar Genehr, Cris Soares, Daniel Fonseca, Fátima Reis, Fernanda Costabile, Flavia Mardegan, Geraldo Rufino, Kalline Pondofe Santana, Kleiton Franciscatto, Loide Miranda, Lua Trindade, Magali Amorim Mata, Marcos Vilar, Ozana Ramos, Rafael Schinoff, Rafaella Ellen Rossoni Azeredo Maia, Renato Trisciuzzi, Sergio Buaiz, Silmara F. G. Medeiros, Thaís Brant, Thiago Fonseca, Ubirajara Ferreira, Vanessa Sens

Todos os direitos desta edição são reservados à Editora Gente.
Rua Dep. Lacerda Franco, 300 – Pinheiros
São Paulo, SP – CEP 05418-000
Telefone: (11) 3670-2500
Site: www.editoragente.com.br
E-mail: gente@editoragente.com.br

Dados Internacionais de Catalogação na Publicação (CIP)
Angélica Ilacqua CRB-8/7057

Os improváveis : como empreender com resiliência e conquistar o impossível / organização de Geraldo Rufino. — São Paulo: Gente Autoridade, 2025.
224 p.

ISBN 978-65-6107-057-7

1. Desenvolvimento profissional 2. Empreendedorismo 3. Sucesso nos negócios I. Rufino, Geraldo

25-1870 CDD 650.1

Índice para catálogo sistemático:
1. Desenvolvimento profissional

NOTA DA PUBLISHER

Algumas histórias não nasceram para caber nas estatísticas. Elas desafiam previsões, ignoram os atalhos óbvios e, mesmo desacreditadas, seguem adiante. O mais interessante é que, muitas vezes, quem as vive não carrega títulos nem fórmulas infalíveis, apenas um desejo insistente de fazer diferente. São essas histórias que nos mostram que **o improvável não é impossível**.

Foi justamente por acreditar nesse poder das trajetórias improváveis que nasceu o convite da Editora Gente a Geraldo Rufino para organizar esta obra. Sabíamos que só alguém com olhar generoso, vivência verdadeira e uma sensibilidade fora de série poderia reunir vozes tão diversas e fortes em um mesmo volume – e fazê-las soar em harmonia. O resultado é uma coletânea potente, construída a muitas mãos, mas conduzida com a convicção de quem, como o Geraldo, acredita que todos os dias são uma oportunidade de realizarmos sonhos e fazermos a diferença na nossa vida e na daqueles que estão ao nosso redor.

Cada autor convidado para esta obra transformou quedas em passos e dores em impulsos. Eles aceitaram o desafio de compartilhar seus aprendizados com coragem, porque entenderam que as histórias deles podem iluminar o caminho de outras pessoas.

Espero que cada mensagem contida nestas páginas também ilumine a sua trajetória a partir de agora.

ROSELY BOSCHINI
CEO e Publisher da Editora Gente

SUMÁRIO

- **9** — **INTRODUÇÃO**
- **13** — Capítulo 1 • A essencialidade do propósito • **Agnes Bastos Junqueira e Magali Amorim Mata**
- **21** — Capítulo 2 • Uma viagem chamada autoconhecimento • **Silmara F. G. Medeiros**
- **31** — Capítulo 3 • A peça que faltava: como empreender me tornou médica por inteiro • **Aline Villela**
- **39** — Capítulo 4 • Seja seu projeto mais audacioso, sua melhor escolha • **Thaís Brant**
- **47** — Capítulo 5 • Autoconhecimento é a chave para dar sentido a sua vida • **Loide Miranda**
- **55** — Capítulo 6 • Força e coragem para superar limites e conquistar sua melhor versão • **Marcos Vilar**
- **63** — Capítulo 7 • Empreender: aprender, ajustar e seguir com confiança • **Geraldo Rufino**
- **69** — Capítulo 8 • Restaure o brilho do entusiasmo • **Sergio Buaiz**
- **77** — Capítulo 9 • Seja a locomotiva da sua vida: ultrapasse limites e conquiste o improvável • **Kalline Pondofe Santana**
- **85** — Capítulo 10 • Seja um protagonista consciente • **Kleiton Franciscatto**
- **93** — Capítulo 11 • Para crescer é preciso sair do lugar • **Ubirajara Ferreira**
- **101** — Capítulo 12 • Empreender é para você? • **Alberto Nairo Aguiar Frota Junior**

109	**Capítulo 13** •	Previdência com propósito: é possível planejar o improvável • **Vanessa Sens**
117	**Capítulo 14** •	Vencer na advocacia: estratégia, adaptação e resiliência • **Daniel Fonseca**
125	**Capítulo 15** •	Vender é uma ferramenta de liberdade • **Flavia Mardegan**
133	**Capítulo 16** •	Liderança e conexão estratégica • **Fátima Reis**
141	**Capítulo 17** •	Liderança inspiradora • **Cris Soares**
149	**Capítulo 18** •	Faça parte do 1% • **Thiago Fonseca**
159	**Capítulo 19** •	Empreender sem glamour: clareza e coragem para crescer do seu jeito • **Arthur Rufino**
165	**Capítulo 20** •	Diálogo nas redes: cada palavra importa • **Ozana Ramos**
175	**Capítulo 21** •	Experiências que encantam e fidelizam • **Lua Trindade**
181	**Capítulo 22** •	Criatividade na essência • **Fernanda Costabile**
187	**Capítulo 23** •	A paz de Jesus promove resiliência para alcançar o impossível • **Rafaella Ellen Rossoni Azeredo Maia**
195	**Capítulo 24** •	O sucesso reside na responsabilidade pelos resultados • **Rafael Schinoff**
203	**Capítulo 25** •	Um caminho para a excelência • **Cesar Genehr**
211	**Capítulo 26** •	Confiança: a chave que abre caminhos • **Renato Trisciuzzi**
219	**CONCLUSÃO**	

INTRODUÇÃO

Feche os olhos por alguns segundos e imagine que você está diante de uma porta. Ela é mais alta do que você, feita de madeira de boa qualidade, mas está trancada. Atrás dela, existe exatamente aquilo que deseja, como sucesso, realização e mudança de vida. A chave, porém, não está com você. Você tenta girar a maçaneta, mas nada acontece. Tenta empurrar, arrombar ou encontrar uma nova entrada para que possa acessar o que quer, mas todo esforço é em vão. Nada parece funcionar.

E se eu dissesse que a chave está aqui, nestas páginas? Para que ela se materialize, no entanto, você precisará passar por algumas etapas: a leitura de cada um dos capítulos. Depois disso, segurará em suas mãos a chave que dará acesso a tudo o que deseja e, melhor: saberá como utilizá-la.

Esse é o tema deste livro. A cada capítulo, você conhecerá um autor que encontrou uma porta trancada e descobriu como encontrar a chave. Em seguida, em vez de guardar para si, decidiu compartilhar com você, assim como eu decidi dividir o que me levou a sempre ter uma vida mais feliz e positiva em meu livro *O poder da positividade*;[1] ou então como decidi compartilhar o

---

[1] RUFINO, G. **O poder da positividade**: os 7 princípios para blindar a sua mente e transformar a sua vida. São Paulo: Gente, 2018.

que pode ser feito para mudar o caminho em *O catador de sonhos*.[2] O mundo é mais belo para aqueles que dividem o que sabem, por isso fiquei imensamente feliz ao receber o convite para ser o organizador desta obra.

Foi uma alegria imensa porque percebi que significava mais uma oportunidade de compartilhar a minha experiência e as de tantos outros nomes que venceram para ajudar ainda mais pessoas a enxergarem que é possível transformar desafios em degraus para o sucesso. Fiquei lisonjeado por perceber que também sou um improvável, assim como os outros autores que você encontrará aqui. Fui um improvável na minha vida e reconheço quantos outros improváveis existem e precisam entregar essas chaves que destravam portas e levam as pessoas ao sucesso que desejam.

Acredito muito no poder do conhecimento compartilhado e na importância de inspirar pessoas a empreenderem com resiliência, então aqui você vai encontrar temas como propósito para a vida e para os negócios, escrita direcionada aos clientes e vendas, autoconhecimento como força interior, confiança para líderes, conexão estratégica como rede de apoio, vendas e empreendedorismo, inovação sem glamour e construção de experiências para o cliente. Além disso, aprenderá também como ser forte e corajoso, como superar uma rede de apoio que não agrega, retomar o entusiasmo, ter excelência em tudo o que faz, sair do lugar e gerar movimento, priorizar a si mesmo e ser protagonista consciente da própria jornada.

Nisso tudo, conhecerá a história de 27 autores que passaram por dificuldades, viveram desafios, encontraram portas trancadas no meio do percurso e não desistiram, assim como eu não desisti. É um conteúdo real, sobre pessoas de verdade que viveram, caíram, se levantaram e fizeram acontecer.

Quero que entenda isso como um espelho para o que você também pode fazer, como um chamado para a ação. Pois não adianta apenas ler e se sentir motivado por um instante. Será preciso aplicar o que você aprender e viver isso na vida real. E só você tem o poder de mudar a sua história. Só você tem o poder de ser também um improvável. Só você tem a capacidade de montar as estratégias e aplicar.

---

[2] RUFINO, G. **O catador de sonhos**: o empresário visionário que começou como catador de latinhas ensina tudo o que você precisa saber sobre otimismo, superação e determinação. São Paulo: Gente, 2015.

O conhecimento está aqui, ao seu dispor. Mas as oportunidades, independentemente do ponto de partida, começam com a leitura atenta que você fará a partir de agora. Espero que leve cada ensinamento para a rotina, mude a mentalidade e comece a agir. Pequenas mudanças geram grandes transformações.

Sem mais, quero que você, caro leitor, entenda que a vida tem mais sentido quando vivemos com propósito. Não se trata apenas de conquistar coisas, mas de saber por que e para quem estamos fazendo o que fazemos. Quando encontrar um propósito maior do que apenas o próprio benefício, os desafios farão sentido e os obstáculos se transformarão em degraus. O propósito é o que nos faz seguir em frente, apesar das circunstâncias.

Lembre-se, temos chaves para isso, não importa o tamanho de sua porta! E aí, está pronto para ser um improvável?

GERALDO RUFINO

AGNES BASTOS JUNQUEIRA

E

MAGALI AMORIM MATA

FOTOS © WILKER MAIA (AGNES) / ANDRES COSTA PINTO (MAGALI)

1
A ESSENCIALIDADE DO PROPÓSITO

É muito bom ouvir uma palestra motivacional, um podcast ou ler um livro que fale da importância de ter um propósito na vida. Mas e na prática, como isso funciona? É bastante surpreendente perceber que, muitas vezes, nós mesmos não tomamos as rédeas para estabelecer um propósito claro para a nossa própria jornada. É como se embarcássemos em um navio sem definir um destino e, após navegar a esmo por meses, com enorme gasto de energia, sentíssemos profunda angústia por não saber para onde ou por que navegamos.

Propósitos estão relacionados aos valores que aprendemos na família, seja pelas crenças, seja pela cultura na qual estamos inseridos. Tais aprendizados acontecem desde o primeiro sopro de vida. Os valores determinarão nossas ações e decisões ao longo da vida, esse *barco* em que navegamos. Definimos propósitos como as ações que nos propomos a fazer não apenas para satisfação de nossos objetivos próprios, mas também como contribuição para a sociedade. Podemos estabelecer vários ao mesmo tempo, sempre carregados daqueles valores transmitidos pela família e aprendidos desde a infância, acrescidos das virtudes que nos são inatas.

Dons e talentos são desígnios que cada pessoa recebe junto com o sopro de vida! E quando reconhecemos e utilizamos os nossos talentos, estamos a um passo da realização desse propósito! Sri Prem Baba, no livro *Propósito*,[1] compara a expansão da consciência à configuração de uma árvore com raízes que remetem às memórias e heranças ancestrais. O tronco equivale a nossos valores e virtudes; e os galhos, à expansão das variedades desses valores. As folhas são como a nossa capacidade de renovação e, finalmente, as flores e os frutos são o nosso propósito de vida e o nosso legado.

Ou seja: nossos propósitos se baseiam em nossos valores e nossas virtudes. Os valores determinam como agimos e como decidimos. As virtudes derivam do caráter e da personalidade de cada pessoa. Juntos expressam nossa capacidade de pôr em prática nossa essência e nossa natureza humana. É acordar de manhã com "sentido" para a vida. Tirar o pé da cama e quando pisar o chão saber o que se veio fazer neste mundo.

Em nossa vida profissional, carregamos (consciente ou inconscientemente) esses mesmos valores e virtudes e os colocamos a serviço da empresa. É fundamental que eles sejam coincidentes, que estejam alinhados com os corporativos, pois só assim não teremos conflitos ante as condutas determinadas pelo trabalho. A harmonia dessa coincidência promoverá maior rendimento profissional e dedicação, exatamente por essa conexão.

O que acontece quando não vivemos ou não identificamos um real e verdadeiro propósito? Infelizmente, a resposta não é muito boa... A ausência de um propósito claro tem sido a causadora de muitos suicídios no Brasil e em diferentes partes do mundo. De repente, uma pessoa que tem tudo, todas as possibilidades, comete suicídio. Isso é tão alarmante que estudos clínicos, abordados mais adiante, já evidenciam que a clara falta de propósito é um dos fatores mais associados à ideação suicida ou ao suicídio propriamente dito. Os resultados mostram que, quanto mais baixo o conhecimento sobre seu verdadeiro propósito, maior é o risco. Portanto, a existência de um propósito de vida é um fator de proteção mental, psíquica e emocional ao indivíduo.

Nesse sentido, a pesquisa clínica que mais nos chama a atenção para a seriedade do tema foi um estudo longitudinal de dez anos, conduzido nos Estados Unidos, em uma população representativa, com o objetivo de correlacionar a falta de propósito de vida ao desenvolvimento de pensamento

---

[1] BABA, S. P. **Propósito**: a coragem de ser quem somos. Rio de Janeiro: Sextante, 2016.

e de comportamento suicida. O estudo levantou a hipótese *de que modo o baixo propósito de vida elevaria o risco de transtorno de comportamento suicida, enquanto o alto propósito de vida protegeria contra o surgimento de transtorno de comportamento suicida.*[2] Por isso é fundamental reconhecer seu propósito para sua realização, tanto na vida pessoal como nos negócios.

Você pode estar pensando: *mas o que isso tem a ver comigo e meus negócios?* Vamos falar com você sobre propósito... E é de propósito! Viver sem propósito, na vida e nos negócios, é como viver sem rumo. A falta de propósito nos traz angústia, dissabores, incômodo, insatisfação e desconforto. Ficamos inseguros e vulneráveis, com falta de foco e de concentração. Dissociamos nosso corpo da mente e nos desorganizamos. Geramos o caos em nós mesmos.

Pior é que isso acontece inclusive com o empreendedor, que pode estar gerindo a própria empresa sem ter consciência do propósito do empreendimento, bem como do propósito pessoal. Há casos ainda em que o propósito do empresário não é o mesmo do *core business*. Ele pode considerar a empresa exclusivamente como objeto de mera subsistência, com foco apenas no faturamento, em cumprir metas, pagar as contas, sustentar a família, e acaba não atentando se a empresa está ou não conversando com o propósito pessoal, ou se de fato é um negócio com propósito. E quando o seu propósito pessoal se unir ao profissional, suas virtudes, valores e talentos serão os alicerces para empreender com resiliência para alcançar o que você acreditava ser improvável.

Então qual é o impasse? Se o propósito da empresa coincide com os seus próprios valores e vivências, unem-se harmonia e predisposição à plena dedicação e à solução dos desafios cotidianos que o negócio gera. É essa congruência de propósitos que vai nortear suas ações. Decidimos ou não fazer algo a partir deles. Vamos dar um exemplo. Quando você valoriza a vida, você não mata. Quando você valoriza a honestidade, você não rouba. Nem um pouquinho. Porque para a honestidade não existe medida. Ela não é relativa. É o ato que determina se você

---

[2] FISCHER, I. C.; NICHTER, B.; FELDMAN, D. B. *et al.* O propósito de vida protege contra o desenvolvimento de pensamentos e comportamentos suicidas em veteranos dos EUA sem histórico de suicídio: um estudo longitudinal nacionalmente representativo de 10 anos. **Journal of Affective Disorders**, v. 340, pp. 551-554, 2023. doi:10.1016/j.jad.2023.08.040.

é ou não honesto, e não a quantidade. Não adianta falar "sou honesto", porém, "ah, mas até R$ 10 eu roubo". Ou ainda "na minha empresa tem muitas caixas de caneta e não vejo problema algum se eu levar uma ou duas".

Devemos revisitar a nossa construção de valores e observar e conviver com as pessoas que admiramos, pois são elas que nos ajudam a desenvolver essas referências, que algumas vezes podem passar desapercebidas por nós. Raramente a maneira como nos vemos coincide com a maneira como somos vistos. Contudo, quando nossos valores são claros e os nossos propósitos estabelecidos, além de nos afastarmos de situações contrárias a eles, os que convivem conosco os reconhecem muito bem, pois eles gritam e falam a nosso respeito, ainda que não precisemos anunciá-los. Eles nos revelam.

Sem convicção de nosso real propósito nos sentimos desconfortáveis. Se não trouxermos à consciência o propósito que é natural em nós, que nasceu conosco e na tentativa de nos adaptarmos ao que supomos ser esperado de nós, abandonamos, por vezes inconscientemente, nossos valores e nossos talentos. Uma vez que o nosso modo de ser e de pensar não corresponda ao que é usual ou esperado na cultura adotada, em um dado ambiente onde queremos impressionar, nos afastamos da nossa essência, com receio de não nos sentirmos pertencentes. Ocorre da mesma forma quando tomamos as avaliações como críticas pessoais. Para nos proteger, camuflamos a falta de propósito, gerando insegurança e medo de rejeição por quem somos, chegando ao ponto de desenvolver distúrbios, tão atuais entre nós, como depressão, ansiedade, pânico, transtornos obsessivos, fobias, ansiedade social, burnout – doenças com as quais as empresas têm de lidar com elevada frequência.

Viktor Frankl, psiquiatra austríaco e sobrevivente do holocausto, no livro *Em busca de sentido*,[3] discorre que o anseio do ser humano por um propósito é a força motriz da vida. Frankl observa que, mesmo nas condições mais desumanas, a capacidade de encontrar um "porquê", seja um amor, uma missão ou um legado, nos permite suportar qualquer "como". Essas colocações vão ao encontro do pensamento de Friedrich Nietzsche, filósofo alemão, que

---

[3] FRANKL, V. E. **Em busca de sentido**: um psicólogo no campo de concentração. 64ª ed. Petrópolis: Vozes, 2024.

em *Crepúsculo dos ídolos*[4] também entendia que a vida só adquire sentido quando confrontada com desafios transcendentes e que a capacidade de suportar adversidades está intrinsecamente ligada à nossa descoberta de um propósito existencial. Daí a célebre frase "quem tem um porquê para viver suporta quase qualquer como", muito bem citada por Frankl.

Ter um propósito claro, além de ser um exercício de autoconhecimento, é também uma prática diária que vai lhe exigir coragem para, com persistência, revisitar e ajustar rotas e manter-se fiel a seus valores. Ao integrarmos o nosso propósito pessoal a todos os âmbitos de nossa vida, alcançamos níveis antes inimagináveis tanto em performance quanto em motivação! E não se trata especificamente de resultados financeiros. O propósito precisa estar presente em ações diárias que reforcem a nossa conexão com ele. Não deixe que as comparações ou a busca por validação alheia desnorteiem o seu caminho. O propósito é a bússola que nos orienta e norteia.

Dissemos anteriormente que tudo na natureza tem um propósito, e é claro que você também tem! Vamos ajudar você a encontrá-lo. Mas primeiro você deve apropriar-se da importância do propósito. Desejamos que você realmente desperte a consciência para isso e que saia do modo "sobrevivência" na vida e no empreendedorismo para verdadeiramente agir com clareza, convicção, paixão e resiliência. Para isso, pense sobre os pontos a seguir:

1. **VALORES:** eleja os valores que de fato têm relevância para você por meio dos quais você pode contribuir para a humanidade. Pontue as atitudes e condutas que estejam de acordo com eles. Quando se tem clareza sobre os próprios valores, a tranquilidade e a honestidade de decidir e agir asseguram um caminhar mais sólido e que não vai ferir aqueles que estejam ao seu redor. A partir de seus valores é possível identificar o propósito, pois eles têm conexão direta. Pessoas que não identificam os próprios valores e não os trazem para a prática tendem a se sentir perdidas, prejudicando a si e aos outros.
2. **VIRTUDES:** pontuar, refletir e identificar quais são as suas virtudes significa compreender verdadeiramente qual é sua essência,

---

[4] NIETZSCHE, F. W. **Crepúsculo dos ídolos**. São Paulo: Companhia de Bolso, 2017.

simplesmente porque elas são as qualidades morais e desejáveis que nos inclinam a praticar o bem e a construir relacionamentos respeitosos e significativos.

3. **HABILIDADES:** é preciso conhecer e reconhecer os seus talentos natos que se traduzem em habilidades e colocá-las em prática. Esse percurso é obrigatório para a construção consciente de seus propósitos. Com habilidade, construímos soluções ou respostas para as novas situações com base em nossos valores.

4. **SATISFAÇÃO PESSOAL:** estar satisfeito consigo mesmo é saber que as suas referências têm origem dentro de você. Se a satisfação se origina do lado de fora, se a sua referência está fora, será que quando você a traz para dentro de si ela realmente se encaixa com os seus valores e com as suas habilidades? Você compreende que isso é o que o configura como pessoa e o que o satisfaz pessoalmente?

5. **SEPARE O "SER" DO "TER":** como está a sua "bolsa de valores"? Perceber a diferença entre o "valor" do seu patrimônio e o "valor" de suas virtudes fará com que você não corrompa sua essência e utilize os bens materiais como meio para dar sentido à sua vida.

6. **MANTENHA UM DIÁRIO DE BORDO:** a cada final de dia escreva em um caderno sobre o que aconteceu e quais valores e virtudes foram utilizados em cada ação. Dessa forma você poderá rapidamente corrigir a rota quando alguma ação estiver em desacordo com sua verdadeira intenção. O ato de escrever traz clareza para nosso cérebro.

Queremos ver você florescer. Ao seguir este passo a passo, a sua recompensa será uma vida e um negócio que não apenas funcionam, mas inspiram, inclusive a você mesmo. E que reverberam ao seu redor, dando brilho à sua vida e à daqueles que desfrutam sua jornada com você.

Trazer para a consciência o ato de viver o propósito não é um acessório de luxo que ostentamos como um ornamento existencial! É uma necessidade que nos mantém vivos, úteis e satisfeitos conosco. Nossa existência precisa ser significativa. Temos que devolver ao Universo tudo o que ele nos ofereceu, e disponibilizar os nossos talentos é o que reforça o propósito que viemos viver.

Seguir o passo a passo proposto não é "ter sucesso", mas sim ter empatia para aliviar sofrimentos, trazer alegrias a partir justamente do seu propósito e da sua habilidade em colocar em uso os seus talentos. É reconhecer, captar e atender às necessidades dos envolvidos, carregando inspiração, evolução e ações amorosas e fundamentadas em valores. Quando seu propósito cria impactos de transformação em você e no mundo por meio de suas ações, isso reverbera em todos os níveis, harmonizando com os valores das pessoas envolvidas, direta ou indiretamente, com o que você se propôs.

Sua capacidade de fazer os outros se sentirem especiais começa em você quando segue o seu propósito. Se aquilo que você faz todos os dias está conectado ao seu porquê, isso traz sentido e vontade de viver longamente, pois existe um propósito para a própria vida. A habilidade de viver verdadeiramente o seu propósito com amorosidade e compaixão, alinhados ao servir, quando dirigidos a você mesmo, influencia a sua família, o seu ambiente, a sua equipe e o seu negócio, mas, principalmente, traz o sentido e o motivo para estar vivo. Por isso viver o seu propósito é tão essencial.

AGNES BASTOS JUNQUEIRA *tem a terapia ocupacional como formação acadêmica, porém a gestão no agronegócio a seduziu. Paulistana, foi morar na fazenda com o esposo, mas ficou viúva há 15 anos e, desde então, está à frente dos negócios, contrariando muitos que apostaram contra e que acreditavam que ela perderia as propriedades em um curto período. Hoje, é um case de sucesso pela adoção das melhores práticas de gestão, liderança, manutenção e qualificação de líderes e funcionários. Com MBA em Ciências da Mente e Liderança Humanizada, é também especialista em Psicologia Positiva e Saúde Mental, além de Leitura da Linguagem Corporal. Criou o método Liderança Humanizada no Agronegócio, alcançando várias pessoas do setor. É também mãe da Laura e da Flávia, que se tornaram mulheres independentes e decididas. Acredita piamente que o valor moral é o que mantém o mundo longe do caos.*

MAGALI AMORIM MATA *é consultora, palestrante internacional, docente, mestre em Gestão e Desenvolvimento da Educação Profissional, especialista em Propaganda e Marketing e já treinou mais de 2.500 profissionais nas áreas motivacional e comportamental. Sustainable Coacher pelo CCE, vinculado à International Coaching Federation, é especializada em Coaching Acadêmico. Tem como missão atual despertar o potencial de mentoreados e mentoreadas para viver uma vida de autenticidade. É escritora, presente em 25 projetos editoriais, com cinco best-sellers: Inquietos por natureza, Você brilha quando vive sua verdade, Foras da curva, Sonho sem estratégia não vira realidade, publicados pela Editora Gente, e Excelência no secretariado, publicado pela Literare Books International. Filha dos alagoanos Luiza Fidelis e José Amorim, que lhes deixaram o legado de ser arretada. A maternidade se foi com a viuvez, mas a vida deu inúmeros filhos a ela.*

@agnesjunqueira @magaliamorim Magali Amorim

**SILMARA
F. G. MEDEIROS**
FOTO © MARIANA JORDÃO FOTOGRAFIA

2
UMA VIAGEM CHAMADA AUTOCONHECIMENTO

Diariamente observo pessoas com dores, entre as quais estão: ansiedade, medo, tristeza, insegurança, frustração, baixa autoestima, sensação de rejeição e algumas dores físicas. Muitas delas, posso afirmar, estão relacionadas a dores da alma. Com mais de 60 mil atendimentos, ao longo dos anos fui observando que a dor dos meus pacientes – que também pode ser a sua dor, porque somos todos seres humanos – acontece não por falta de amor ou força para que o sucesso aconteça, mas sim pela falta de autoconhecimento.

O ser humano até busca caminhos diferentes para aplacar essa dor interna, mas muitos deles, infelizmente, ainda não perceberam que precisam acessar a força interna e o amor existentes dentro de si a partir do autoconhecimento. Fazem isso por falta de consciência sobre si mesmos. Vagam pelo mundo, ficam paralisados ou cheios de mágoas e raiva, sem conseguir conquistar relacionamentos saudáveis e sucesso profissional. Para os meus pacientes, costumo até mesmo falar que o amor permeia a nossa vida, pois é exatamente como é a água do mundo. Você já parou para pensar nisso?

A maior parte da água que temos disponível no planeta Terra não é potável, mas continua sendo água. E ela, apesar de gerar a vida para plantas e outros seres vivos mesmo não estando potável, quando consumida por seres humanos pode fazer mal. Pode ser tóxica, provocar doenças. Em nossa vida acontece o mesmo. Infelizmente, muitas pessoas vivenciam o amor e os relacionamentos de modo tóxico, pesado e poluído. O amor e os relacionamentos são incríveis e podem fazer muito bem para o ser humano, mas também podem funcionar como a água não potável. Aprender a relacionar-se consigo mesmo, portanto, e só depois com as outras pessoas, é fundamental para não cairmos na armadilha de relacionamentos tóxicos. Os elos humanos são responsáveis por muitas tristezas, mas com certeza pelas nossas maiores alegrias. Considerando, então, esse ponto, quero contar uma história.

Ana era uma criança livre, leve e feliz. Diferentemente da família, que acumulava dores e mágoas em relação às pessoas e à vida, Ana não acumulava esse peso, mas sentia-se sozinha. Sem mágoas, porém com a sensação de grande solidão. Para se sentir pertencente àquela família, já que todos nós temos a necessidade de pertencimento, ela também começou a ficar dura e amarga. Passou vários anos assim, e a essência dela ficou perdida. O caminho tinha sido repleto de dureza e sofrimento. Só conseguiu acordar para a vida e reencontrar a luz daquela criança leve com o nascimento dos filhos. Por isso, costumo falar que os filhos até podem parecer "alunos" em alguns momentos, mas muitas vezes eles são como "professores".

Nesse caso, vemos uma pessoa que viveu mágoas e não utilizou o autoconhecimento para despertar em si a força e o amor que estavam ali guardados. Ana perdeu tempo, infelizmente. E mesmo que depois tenha recuperado a essência, a dura realidade é que a vida e o tempo não param e não esperam ninguém.

O amor é a maior fonte de energia orgânica recarregável do universo, e quanto mais cedo descobrimos isso, menor é a chance de sofrimento. Sempre falo que quem passa pela vida sem amar não viveu verdadeiramente. Relacionamentos saudáveis e sucesso profissional não conseguem entrar em nossa vida quando as portas e janelas estão fechadas. O autoconhecimento, entretanto, é imprescindível para que esse resgate aconteça. Somente ele pode permear a abertura da sua alma para o amor e para as conquistas, pois todos nós temos, aqui dentro, a possibilidade do sucesso pessoal e profissional.

Fui observando isso com anos e anos de trabalho, e percebi que a maioria das pessoas vive mais no mundo dos mortos do que no mundo dos vivos. Mas o que isso quer dizer? Quer dizer que as pessoas vivem presas ao saudosismo ou à dor do passado e àqueles que se foram, enquanto se esquecem de viver o hoje e de aproveitar o momento com as pessoas que estão ao lado nesse momento. Esquecem-se de que o presente é o maior presente que temos.

A maioria das pessoas apenas sobrevive: acordam, trabalham para comer, pagar contas mensais, algumas conseguem viajar e construir bens, dormem pouco e comem mal. O fato é que, se pararmos para observar, todos nós já tivemos momentos em que seguimos o rumo da sobrevivência, porém é preciso acordar e não deixar esse modo perdurar por muito tempo. Viver é ser saudável e conquistar o que se considera essencial para a própria vida. Viver é conhecer a si mesmo e conquistar saúde, seja ela física, mental, espiritual ou social. E todos nós temos essa capacidade de libertação.

Um dos grandes exemplos que gosto de citar diz respeito aos pacientes que chegam ao consultório com transtorno de pânico. Após anos observando, percebi que todos eles queriam muito mudar de vida, porém não estavam conseguindo. Queriam evoluir, ser pessoas melhores para si e para os outros, mas não conseguiam dar o passo decisivo para isso. Assim, se fosse resumir em uma frase o transtorno de pânico, seria deste modo: é o grito de alguém em desespero por libertação. Todos os pacientes que conseguiram continuar o tratamento e fizeram boa terapia se libertaram desse grito e pararam de ter crises.

Já as queixas que vejo diariamente atreladas às dores físicas são gigantes, inclusive as somatizações que são decorrentes de dores da alma: pessoas com muitas cefaleias, lombalgia, epigastralgia e muito mais. São altos os índices de somatização em relação a essas comorbidades. E a minha frase de definição para dores psicossomáticas é: a alma sente, a mente não entende, ou entende e não resolve, e assim o corpo mostra a dor.

Somos aquilo que acreditamos e desejamos ser. Por isso **acredito** que temos o que merecemos ou que achamos merecer. O Universo é um grande campo de energia. Cada um recebe o salário que pede e acredita merecer. Então eu pergunto a você: o que acha que merece? Será que não está enfrentando a dor por medo de encontrar o amor? Ou ainda não encontrou o amor por medo de enfrentar a dor? Isso é o que acontece com a maioria das pessoas, e se resume, em muitos momentos, à falta de consciência sobre si, que considero o principal motivo do sofrimento humano.

O autoconhecimento liberta. Você é um ser humano único, capaz de abrir todas as prisões criadas por você mesmo em decorrência do seu sofrimento. Principalmente aqueles sofrimentos vivenciados quando ainda era uma criança indefesa. Agora, no entanto, você é adulto. E, como tal, não precisa repetir padrões de sofrimento que aprendeu, mesmo que esse pareça ser o caminho mais fácil. Não precisa continuar preso aos padrões transgeracionais para pertencer a sua família; você somente precisa respeitar e honrar, não repetir exemplos agressivos e dolorosos.

Em outra instância, você também precisa parar de não acreditar no seu espaço dentro do outro, o que representa a falta de autoestima e de segurança. É como sempre falo: os outros nos veem através dos nossos olhos, isto é, se você acreditar que é um ser humano completo, forte e com amor permeando a sua vida, será capaz de superar os desafios e dores inerentes à jornada. Mas um lembrete: superar nem sempre significa esquecer, e sim escolher o caminho do enfrentamento e acolhimento. Fazer isso é olhar para a sua caminhada e saber que até agora você fez o melhor, mas hoje possui a sabedoria para fazer diferente. É isso que realmente importa.

Eu desejo, portanto, que você aceite e abrace a dor, seja ela qual for, por meio do autoconhecimento, pois só assim você poderá ser livre para se conectar com o amor e com os relacionamentos saudáveis e de sucesso que o aguardam.

Vejo essa relação saudável e interna ao indivíduo como se fosse um sucesso que deixa pegadas que todos podem seguir. É encantador o poder transformador que o autoconhecimento e o amor exercem na vida das pessoas. Quando deixa de julgar, criticar e condenar a si mesmo e permite, humildemente, ampliar a própria visão e ser acolhido, você para de rastejar ou engatinhar e começa a correr ou voar. É quase impossível nos tornarmos fortes, seguros e confiantes sem enfrentar a dor. A nossa mente e corpo funcionam em harmonia e de maneiras semelhantes. Até porque ninguém ganha massa muscular sem dor e sem praticamente chegar à fadiga. Por que seria diferente com você?

Então é hora de enfrentar a dor e o medo com o autoconhecimento para que você possa se conectar ao sucesso e ao amor. Deixe que os traumas e as dores sejam os condutores na caminhada da vida nova que o aguarda. Deixe que o autoconhecimento acesse o amor, e que o amor, por sua vez, acesse a sua força, que, então, gerará relacionamentos saudáveis e de sucesso. Deus e o amor permeiam a vida. Basta acreditar que tudo isso está dentro de você, porém é preciso autoconhecimento para acessar.

Em nossa jornada, quando somos bons observadores, podemos buscar elementos nos aprendizados diários para que a sabedoria conquistada gere mudanças e transformações. Para isso, precisamos gerar reflexão. Ela é o grande catalisador no processo de evolução individual. Então, inicialmente, é preciso saber quem somos e aonde queremos chegar. E essa descoberta só é possível para quem buscar autoconhecimento. Então vamos aos passos para que isso aconteça.

1. Olhe para si com amor.
2. Tenha fé, independentemente de religião. A espiritualidade amplia o campo de visão para o crescimento.
3. Acredite ser merecedor das suas conquistas.
4. Deixe o passado no passado. Para isso, você inevitavelmente terá que enfrentar a dor.
5. Tenha paciência, persistência e lembre-se de que absolutamente tudo na vida tem um preço a ser pago.

São cinco pontos simples que ajudam a direcionar melhor a nossa vida. É uma mudança de olhar imprescindível para evoluirmos e passarmos pelas transformações necessárias para o desenvolvimento pessoal. Não é possível mudar o seu destino sem mudar a escolha dos caminhos, já que cada um leva a um desfecho diferente. E apesar de você estar observando cada vez mais pessoas que buscam soluções mágicas, isso não existe. É uma ilusão, e ilusão é a distorção de um objeto real e presente.

Apesar de não acreditar em soluções mágicas, acredito em dedicação, determinação, desprendimento e disciplina para a concretização dos nossos sonhos. É preciso se lembrar de que o amor por si só não muda ninguém, mas o desejo de mudança para ser melhor para si com certeza faz grandes transformações.

A necessidade de reconhecimento, por exemplo, nada mais é do que um olhar de amor, esperança, admiração ou gratidão vindo dos outros. Porém só podemos dar ao outro de modo verdadeiro e profundo aquilo que realmente temos dentro e para nós. Isso quer dizer que, se tivermos amor por nós, veremos esse amor refletido no olhar do outro; se tivermos autoestima, veremos essa luz no olhar do outro. E assim por diante.

Assim, quero propor, neste capítulo, uma reflexão breve e profunda sobre maneiras de conquistar qualidade de vida a partir da alegria, do amor, do autoconhecimento, da leveza e do sucesso. Isso acontece porque tudo o que realmente queremos é nos sentirmos amados, acolhidos e felizes, e pessoas que se conectam a pessoas vivem muito mais felizes e saudáveis. Passamos a vida procurando caminhos que levem ao amor e ao sucesso, mas na verdade o caminho para ambos é sempre o amor, porque é por meio dele que acessamos toda a força existente dentro de nós, necessária para as nossas conquistas.

Por esse motivo é tão importante a consciência sobre nós mesmos, porque as faltas e os traumas infantis, que muitos arrastam para a vida adulta, normalmente transformam crianças em adultos infelizes, que sofrem e fazem outros sofrerem. Se você quiser, inclusive, ler mais sobre esse tema, sugiro buscar como bônus a leitura do livro *A namoradeira*,[1] que lancei em 2024 e que fala da essência dos relacionamentos saudáveis a partir da análise do objeto de decoração de mesmo nome.

Tudo isso, por outro lado, engloba estarmos em movimento. Amar é viver, e viver é movimentar, então observamos que o amor é a vida em movimento. Por isso é preciso ir à luta. Por sermos humanos, somos fortes, fofos, vulneráveis e imperfeitos, e isso nos torna únicos e excepcionais. E toda a força de que precisamos para isso está dentro de nós. Eu mesma acreditava nisso há muito tempo, antes mesmo de ser psiquiatra.

Desde pequena entendi que a qualidade de vida, o sucesso e os relacionamentos saudáveis são para pessoas maduras, dispostas e disponíveis. Via

---

[1] MEDEIROS, S. F. G. **A namoradeira**: domine a arte de construir ou reconstruir relacionamentos saudáveis. São Paulo: Literare Books, 2024.

tantos familiares viverem muito mal por falta de autoconhecimento e comunicação, mesmo existindo muito amor no coração deles. Porque, no final das contas, todo mundo sente dores. De várias formas e intensidades. E somente cada um sabe a própria.

Muitos passam uma vida escondendo e rejeitando essa dor, o que os faz sofrer e também provocar o sofrimento dos objetos do seu amor. Comecei a observar que falar sobre o que sentiam e pensavam era extremamente libertador. Percebi que gerava a possibilidade de que outros saíssem do caos e fossem em busca da luz. Assim, tão logo me formei, também me dei de presente anos de análise. E esse processo foi extremamente libertador para mim.

Dar voz e vez às dores esquecidas ou perdidas nas sombras foi iluminando o meu caminho. A partir desse momento fui ficando cada vez mais apaixonada por essa grande viagem chamada autoconhecimento. Aplico isso no meu consultório todos os dias, e os resultados são maravilhosos. A maioria dos pacientes busca tratamento por uma doença e depois continua pela busca da qualidade de vida. Muitos consideram aquela dor que os levou ao consultório um grande presente: uma oportunidade de recomeçar e ressignificar a própria jornada.

Se você parar para observar, isso faz todo sentido, pois não está escrito em lugar algum que viver seria fácil. Mas nós, seres humanos, principalmente aqueles que precisam ser vítimas das pessoas e da vida, insistimos em achar que viver bem é algo fácil de conquistar. Agora você já sabe que não é. Absolutamente tudo na vida tem um preço. Por isso considero a vida linda e louca.

Estamos sempre oscilando entre a luz e a escuridão, e quanto mais acessarmos a nossa luz, menos viveremos nas sombras e na dor, pois o céu mais escuro é aquele que permite que as estrelas fiquem reluzentes. Isso mostra que, até mesmo nos momentos mais difíceis da vida, precisamos estar com um olhar atento para aprender, resistir, ressignificar e recomeçar, pois é ali na escuridão que a estrela brilhará mais forte. Olhar para um céu lindo e estrelado é olhar com amor para os nossos traumas e dores.

Não desista, insista, persista e resista até a força o encontrar no meio do caminho. Os relacionamentos e a vida são feitos de encontros e desencontros, luz e escuridão. O nosso corpo tem naturalmente células nascendo e outras morrendo constantemente. É assim que a vida é. Permeada por movimento. Escolha vencer e superar todos os dias, mas lembre-se de que superar inclui suportar as dores, o medo, a insegurança, a raiva e a mágoa. Não existe fórmula pronta, existe trabalho duro e árduo no mundo dos adultos. E saiba que a vida é feita de escolhas e consequências.

Para fechar, quero deixar um poema sobre esse assunto. Espero que inspire você.

OS IMPROVÁVEIS

Demorei para me encontrar
Primeiro
Fiquei tentando agradar
Não queria ninguém magoar
Todo mundo precisava ajudar.

Depois todo mundo queria tratar
Até minha família queria que ajuda fosse buscar
Demorei para aceitar
Porque com a humildade não é fácil
Internalizar
Só podemos ajudar
Quem a nossa ajuda pede e disposto está
Ao preço pagar.

Todos nós podemos vencer
Se conseguir acreditar, lutar
Cair e levantar
Muitas vezes é preciso resistir, insistir, persistir
E então seus sonhos conquistar.

A vida é uma grande conexão
E a espiritualidade nos ajuda a mais longe chegar
Porque buscar e evoluir

Sempre nos faz desapegar e então voar
Com amor, autoconhecimento
Humildade e resiliência
Longe todos podemos chegar
Esse é o melhor jeito de viver, empreender e o que parece impossível alcançar.

SILMARA F. G. MEDEIROS é mãe, mulher, médica-psiquiatra formada em 2005 e pós-graduada em Psicoterapia e Homeopatia. É estudiosa e apaixonada por todos os temas atrelados a saúde mental, qualidade de vida e relacionamentos saudáveis, conhecida também como "Doutora dos Sentimentos".

@dra.silmaramedeiros

ALINE
VILLELA
FOTO © ACERVO PESSOAL

3

A PEÇA QUE FALTAVA: COMO EMPREENDER ME TORNOU MÉDICA POR INTEIRO

Ser médica sempre foi o meu sonho de criança, era realmente o que fazia os meus olhos brilharem, embora tenha feito faculdade de Fisioterapia antes. E foi apenas após me formar, concluir duas residências médicas, passar mais de 8 mil horas dentro de uma faculdade e 11 mil horas dentro do hospital com a formação das minhas especialidades que entendi que tudo isso não havia me preparado para a vida real. Entendi que tinha em minhas mãos diplomas vocacionais somente, mas como transformaria isso realmente em uma vocação próspera para mim e para todos que cruzassem o meu caminho?

Depois de alguns anos e a duras penas, percebi que, para alcançar todo o meu potencial como médica, teria que desenvolver habilidades que vão muito além da medicina. Aprendemos a ser fazedores e não a gerir a nossa vida profissional, e essa frase se aplica para qualquer profissão com formação tradicional. Isso impacta diretamente a área pessoal, os sonhos, as aspirações, bem como a nossa família.

Assim como grande parte dos empreendedores não se veem como tal, eu não me via como empreendedora. Na verdade, não queria ser, achava que era muita dor de cabeça e que nunca teria essa capacidade, e realmente não tinha naquele momento, então não dei importância a isso por muito tempo.

Trabalhava muito, com cargas horárias hercúleas em plantões, atendimentos em consultório e cirurgias, e isso não se refletia em resultados. Achava que, para ser uma boa médica, era suficiente ser boa tecnicamente. Fui treinada para ser assistencialista, receber queixas, identificar sinais e sintomas e trazer soluções. Mas quem traria soluções para mim? Se você está atento, a resposta é simples: ninguém.

Esse exemplo se aplica para o empreendedor brasileiro, que não é ensinado a ser empreendedor. Aprende com tentativas e erros, como trocar o pneu de um caminhão andando. E, como acredito que o grande sonho da maioria das pessoas é ter uma vida próspera e abundante, é preciso ter clareza disso para gerar mudança.

As pessoas querem ter, no mínimo, uma vida tranquila, sem precisar "vender o almoço para comprar a janta", conforme diz o ditado. Quem já passou por isso sabe quanto é angustiante e frustrante, principalmente quando você tem capacidade técnica, é bom no que faz e tem disposição para trabalhar, mas vive em um ciclo no qual parece que o sol nunca brilha, por mais que você faça e se esforce. No fim do mês, a conta não fecha, você nada e morre na praia. À volta, as pessoas falam o quanto você é maravilhosa, o quanto é incrível e faz coisas que ninguém mais faz, mas a verdade é que não flui.

Veja se isso acontece com você em alguma medida, pois comigo funcionava assim: eu sentia impotência, incapacidade, e uma frase martelava ininterruptamente em minha mente: "isso não é para mim". Duvidava da minha real potencialidade. Estava esgotada emocionalmente, me sentia como a criança prodígio que era a promessa que não vingou. O meu sonho de mudar o mundo, de fazer medicina por amor, estava se esvaindo. Sentia que poderia oferecer para o mundo muito mais do que realmente estava fazendo na prática, e não era por falta de vontade ou disposição, e sim porque, naquele momento, ainda não tinha a solução, não sabia como resolver essa equação, então cada vez me aprimorava mais no conhecimento técnico, mas os meus resultados estruturais continuavam limitados. Era algo totalmente contraditório: como era possível que uma pessoa cuja profissão é vista como glamourosa e respeitada se sentisse dessa maneira? Era ilógico.

Foi aí que fui buscar soluções, pois se o conhecimento técnico e a disposição para trabalhar eu tinha, então o que me faltava? Comecei a olhar para dentro, entender em que momento me encontrava, quais crenças tinha e o que me limitava. Nessa busca, encontrei o medo de me assumir como empresária, como empreendedora, e de olhar o meu negócio para além das paredes do consultório. Mais uma vez, quero que você leia o que estou contando e veja se consegue identificar a si mesmo em algum momento.

Assim, em minha jornada de olhar para dentro, identifiquei alguns motivos principais para que isso estivesse acontecendo. O primeiro deles era uma hipervalorização do *"locus* de controle externo" em vez de assumir o *"locus* de controle interno". Eu trouxe os termos "bonitos", então agora vou explicar. Essa ideia nada mais é do que não termos autorresponsabilidade, atribuirmos ao outro, ao cenário e ao mundo a nossa falta de resultados. Nada mais é do que, no bom "carioquês", não assumirmos os nossos B.O.s.

Para ficar mais claro, vejamos um exemplo prático: há uma prova hoje que precisará ser feita, porém você não estudou para ela. Na semana seguinte, o resultado sai e a nota é baixa. Então como você interpreta isso? Muitas pessoas dizem: "não fui bem porque a prova estava difícil", "não tive tempo para estudar porque estava cheia de problemas para resolver", "não fui bem porque fiquei nervosa". E por aí vai. Este é o *"locus* de controle externo". É atribuir aos outros e às circunstâncias o seu resultado ou a falta dele. Se assumo para mim e para todos que a nota foi condizente com o esforço que coloquei nos estudos, temos o *"locus* de controle interno".

Em seguida, percebi como a falta de confiança pode prejudicar a nossa jornada, não nos deixando identificar em nós mesmos as habilidades incríveis que temos, nos impedindo de agir e nos paralisando diante de críticas e afirmações que desestimulam, atrapalham e atrasam. Se a falta de autoconfiança vem em um terreno no qual reina o medo, a insegurança, o não merecimento e a síndrome da impostora, aí a festa está feita.

Em suma, eu me esforçava, e os resultados não vinham. Eu era o sinônimo de "EUpresária", vivia sobrecarregada e com isso não tinha tempo para me dedicar ao paciente como gostaria. Até que em um dado momento – daqueles em que a vida vira de cabeça para baixo – eu tive o diagnóstico de um câncer de mama.

Sim, eu, médica, que me cuidava, descobri um câncer em pleno Outubro Rosa. Se não tivesse sido assustador, costumo brincar que seria poético. O que tinha tudo para ser meu ponto de derrocada, posso dizer que foi o meu ponto de impulsionamento, em que estive desnuda de vaidade, frente a frente com meus maiores medos. Nesse momento, toda insegurança, necessidade de validação, medo de falhar foram dissolvidos e deram lugar ao agir de Deus em minha vida.

Apropriei-me de mim mesma, da força que Ele nos dá todos os dias. Parei de esperar e entendi que, por mais que tenhamos pessoas maravilhosas ao nosso entorno, a vida é uma jornada individual. Entendi verdadeiramente que tinha um propósito, uma missão a cumprir, mas para isso tinha que agir independentemente do cenário, e fui. Lembrando algo que o meu pai dizia, "manda brasa, gente boa!", eu mandei brasa! Quero que você faça o mesmo: aproprie-se de si mesmo, das suas virtudes e sombras e vá à ação, faça o seu!

A autorresponsabilidade e a autoconfiança começam com o autoconhecimento. É imprescindível conhecer e entender as suas potencialidades, forças, fraquezas, bem como o que o atrapalha e o sabota, sempre com foco nas habilidades necessárias para o crescimento.

Vemos que não somente para o desenvolvimento do empreendedor, como também para obter conquistas na vida pessoal, a primeira necessidade é ter um objetivo claro e definido, o que pode ser corroborado e confirmado nas obras de grandes escritores americanos como Napoleon Hill, Bob Proctor, Neville Goddard, Earl Nightingale, Brian Tracy e Tony Robbins, que enfatizam a importância de ter clareza do objetivo, destacando quão poderoso é isso. Aqui é importante lembrar a célebre ideia de Lewis Carroll apresentada em sua maior obra, *Alice no País das Maravilhas*, que diz que, para quem não sabe para onde vai, qualquer lugar serve.[1]

Quando falamos de empreendedorismo embasado em ciência, é fundamental citarmos os resultados do psicólogo norte-americano David McClelland, da Universidade de Harvard, que na década de 1960, no livro *The Achieving Society*, estrutura a Teoria das Necessidades Adquiridas, mais tarde conhecida como Teoria da Motivação para a Realização.[2] Inspirada nessa obra, a Organização das Nações Unidas (ONU) criou uma formação para empreendedores,

---

[1] CARROLL, L. **Alice**: Aventuras de Alice no País das Maravilhas e Através do espelho e o que Alice encontrou por lá. Rio de Janeiro: Clássicos Zahar, 2010.
[2] MCCLELLAND, D. C. **The Achieving Society**. Estados Unidos: Free Press, 1967.

o Empretec,[3] que mapeou e definiu os dez comportamentos necessários para o empreendedor de sucesso. São eles: planejamento e monitoramento sistemático; exigência de qualidade e eficiência; independência e autoconfiança; correr riscos calculados; estabelecimento de metas; busca de oportunidades e iniciativa; comprometimento; persuasão e rede de contatos – ambiência, busca de informações e persistência.[4] Conhecer e aplicar esses comportamentos mudou o jogo da minha vida.

Além disso, identifiquei durante a minha jornada algumas características que pertencem aos improváveis, incluindo-me nessa lógica: estar inserido em um cenário inóspito, inicialmente desfavorável – ou seja, ser alguém que, embora grato, não se conforma com a realidade que tem hoje e não se intimida com as "desvantagens", a falta de possibilidades ou obstáculos; ter mentalidade de abundância, e não de escassez; enxergar a solução, e não o problema, transformando-o em força de ação; ver além do que os "olhos humanos" enxergam e ter uma fé inabalável – independentemente do credo –, com a certeza de que, mesmo que não enxergue uma solução, há uma saída e não está sozinho; não paralisar com as críticas; fazer o que tem que ser feito com constância; e, por fim, entender que a responsabilidade de modificar a sua realidade compete somente a você mesmo.

Foi, portanto, com todo esse conhecimento e vivência que criei a minha estrutura de treze passos que me norteiam e me possibilitaram alcançar resultados inimagináveis. Vou elencar cada um deles para que você entre em ação a partir de agora:

1. Faça o melhor que pode com aquilo que tem hoje.
2. Elabore o que pode ser criado a partir do que tem hoje.
3. Pense com clareza (aonde quer chegar e quais são os degraus necessários a percorrer).

---

[3] 10 características do empreendedor de sucesso. **Ensine-E Faculdade**, 28 mar. 2022. Disponível em: https://ensin-e.edu.br/caracteristicas-do-empreendedor-de-sucesso/. Acesso em: 2 abr. 2025.

[4] AS 10 maiores características do empreendedor. **Sebrae**, 15 mar. 2025. Disponível em: https://sebrae.com.br/sites/PortalSebrae/ufs/am/artigos/as-10-maiores-caracteristicas-do-empreendedor,e7d4d2391f45f710VgnVCM100000d701210aRCRD. Acesso em: 21 mar. 2025.

4. Foque o que tem que ser feito, sem distrações.
5. Dê um passinho de cada vez.
6. Tenha consistência e não desista.
7. Veja oportunidades em vez de barreiras.
8. Tenha o objetivo de vencer e a vontade de transpor os obstáculos.
9. Não se atenha somente ao resultado, e sim ao que tem que ser feito.
10. Aproveite a jornada.
11. Se entregue ao que você faz de maneira verdadeira.
12. Seja correto, trabalhe com hombridade, honestidade e com amor.
13. Faça o que sabe fazer com verdade.

Esse método foi criado a partir da minha experiência lidando com o adoecimento e falecimento do meu pai, em 2019, e depois batalhando contra o câncer. Essas duas situações mudaram a maneira como me vejo, a minha postura perante as incertezas e inconsistências da jornada. Aplico o meu método em todas as áreas da minha vida com a certeza de que para tudo se tem uma solução e com uma fé inabalável e cada vez mais fortalecida por um propósito lindo, real e repleto de significado.

Como resultado, conquistei uma carreira sólida, estruturada e com crescimento vertical, permitindo cada vez com mais tranquilidade exercer o meu propósito, ajudando os meus pacientes a acessarem a mudança que está dentro deles e criarem uma vida incrível. Afinal, não estamos no mundo a passeio e todos temos o direito a uma vida próspera e abundante, mas ela não nos é dada, e sim conquistada e criada a partir de nossos atos e ações. E quantas coisas inimagináveis somos capazes de fazer e criar, como está no livro mais vendido do mundo, a Bíblia, que diz que tenhamos um coração de criança, pureza de coração (Mateus 18:3). E eu completo: pense o bem e faça o bem.

Fico profundamente emocionada quando vejo que a minha história inspira alguém a se reerguer, alguém que só conseguia enxergar a dor a ter forças para levantar e "fazer o que deve ser feito" (frase que virou um dos meus jargões) em todas as áreas, e mesmo em situações delicadas querer buscar a vida incrível que está a espera e escolher ver a beleza que, sim, existe no meio do caos.

Pensando nisso, gostaria de deixar a seguir algumas frases e pedir que, ao lê-las, você tenha "o coração aberto" para sentir e deixar que tomem conta do seu ser.

- Não se desespere com o cenário, afinal ele pode mudar.
- Todos os dias em que abrimos os olhos são uma nova oportunidade que Deus nos dá para recomeçarmos e para fazermos o novo, de novo.
- Não foque o que falta, foque o que vem.
- Olhe para tudo o que pode ser construído independentemente da sua realidade.
- Acredite que é possível.
- Nada é imutável!

O improvável é aquele que conquista e constrói aquilo que parece impossível, que transpõe barreiras, opiniões, expectativas e estatísticas. O brasileiro por si só já é um improvável. Quem, em algum momento da vida, não tem uma história de superação, de transpor barreiras, de conseguir e conquistar o inimaginável?

Nos livremos das barreiras, que muitas vezes somos nós mesmos que colocamos, nos impedindo de ter uma vida extraordinária e de realizar os nossos sonhos e os dos nossos. Não é porque uma situação parece desfavorável que será assim para sempre, então faça a sua parte, mexa-se, faça o melhor que pode com aquilo que tem, lembrando que todos os dias uma nova oportunidade nos é dada de honrar esse dom incrível que é viver para criar a sua melhor vida e transbordar.

De que adianta ter luz se você não ilumina? Vamos iluminar o mundo! Por meio da nossa voz, das nossas ideias, do nosso trabalho, com as ferramentas que você tiver. Vamos criar um movimento!

ALINE VILLELA *é empreendedora, médica com mais de quinze anos de atuação, cirurgiã geral e cirurgiã vascular com diversas formações na área e vasta experiência em serviço de emergência, CEO do instituto que leva o nome dela, palestrante e escritora. Ela sempre acreditou que ninguém está no mundo a passeio, e sim para aprender, ensinar e fazer coisas incríveis, criando uma vida próspera e abundante.*

@draalinevillela @dralinevillela

THAÍS BRANT
FOTO © WILLIAM PRAXEDES

SEJA SEU PROJETO MAIS AUDACIOSO, SUA MELHOR ESCOLHA

Ao olhar para sua vida, você sente que não é suficiente? Sente que a vida ou o negócio de outras pessoas prosperam enquanto o seu segue não dando certo? Sente que o reconhecimento e o dinheiro insistem em não o encontrar? Estudamos tanto, investimos energia e tudo o que temos, mas a sensação é a de que a "nossa hora" não chega.

O que não percebemos, em contrapartida, é que muitas vezes procrastinamos por medo de dar certo, alimentamos os nossos sabotadores pelo simples fato de ser mais fácil seguir o fluxo ou os protocolos sociais, e assim criticamos e julgamos aqueles que persistem e sabem esperar, pois precisamos nos convencer de que certos estamos nós, e, quando percebemos, estamos sendo comuns e conformados.

Acabo de descrever como você se sente em relação aos seus sonhos e objetivos, acertei? Talvez você esteja se perguntando: "mas como ela sabe de tudo isso? Ela é tão bem-sucedida, estudada, cheia de amigos e viagens, impossível saber tão detalhadamente como me sinto". Acredite, eu já estive no seu lugar e por isso estou aqui, escrevendo este capítulo. Quero ajudar você a transformar sonhos em objetivos e vulnerabilidade em força.

A inquietude que você sente e o desejo de viver uma nova realidade são reais e devem ser respeitados e sentidos. Sei perfeitamente que sente que não cabe mais nesse trabalho, nesse relacionamento, nessa casa, nessa cidade, enfim, você anda na contramão, enxerga oportunidades e tem boas ideias, mas algo tenta impedir de seguir em frente. Bem, como o meu objetivo é ser luz nesse caminho ainda meio turvo, tenho duas notícias para você, leitor. Uma boa e uma não tão boa. A primeira, que considero boa, é que você vai conseguir, vai dar certo; a segunda, não tão boa, é que vai ter que esperar, vai ter trabalho duro, vai doer, vai sorrir, vai chorar, mas eu garanto: vai valer a pena.

Essa sensação de não se encaixar, não caber, sobre a qual comentei anteriormente, é, em alguma medida, um complexo de inferioridade alimentado pela carência e por diversos sentimentos de incapacidade que você carrega consigo. Esse complexo precisa ser visto, ouvido e trabalhado de modo estruturado porque alimenta os seus medos e traumas, assim como corrói as suas maiores habilidades e talentos, além de transformar você em uma pessoa impaciente, enérgica, justiceira e até mesmo arrogante em diversas situações. É uma condição emocional que pode estar desviando você de seus propósitos, nivelando por baixo o seu potencial, gerando o sentimento de escassez e impedindo-o de construir relações saudáveis e prósperas.

Empreender é, antes de qualquer atitude, um exercício severo de autoconhecimento, e isso exige que cavemos fundo a nossa história de vida. A inquietude não nos deixa esquecer que temos algo maior e melhor para realizarmos, e ela desafia a nossa insegurança, pois, ao mesmo tempo que temos insights e ideias que nos motivam a seguirmos em uma aventura empreendedora, temos a insegurança, que mina a nossa capacidade de realização e emite, com certa insistência, os alertas de incapacidade que nos levam para o conforto da vida que não merecemos. Enquanto a inquietude e a insegurança duelam, a culpa nos consome. Por que não nos contentamos com o que temos? Por que sentimos a necessidade de sermos diferentes daqueles que cresceram conosco, como nossos irmãos? A culpa maltrata, mas também nos lembra de que esta será uma jornada solitária, com mais julgamentos do que colo. Mas aqui pode estar um ponto determinante para esse caminho de mudança: encontrar em Deus a sua melhor e mais fiel companhia.

Assim, percebo que a dificuldade em vivermos com autenticidade e irmos buscar a vida pessoal e profissional que queremos está em nosso histórico familiar e nos aspectos culturais que carregamos. Aceitar que nascemos na família que precisávamos para conseguirmos evoluir e alcançar o sucesso é um passo importante, pois, mesmo que você não tenha nascido em um lar harmonioso e próspero, se der a devida atenção para a sua história, vai conseguir identificar os pontos que vão fortalecer você e os que vão evidenciar os gatilhos que o impedem de avançar.

Pelo lado cultural, o desafio é vencer as características de uma mentalidade que privilegia o "jeitinho" mais fácil de fazer algo, o querer sempre um atalho para ganhar dinheiro fácil e que, infelizmente, não valoriza a educação e a cooperação. Quando identificamos esses aspectos e criamos coragem para enfrentá-los, travamos uma árdua batalha com o nosso entorno, e isso exige que comecemos a fazer escolhas, pois a nossa história familiar ou os efeitos da nossa ancestralidade não são nossos, e temos, sim, como tratá-los, assim como podemos moldar nossa mentalidade, abandonando os traços culturais que não nos representam.

Saiba, portanto, que não existe prosperidade na desordem nem crescimento na zona de conforto. Uma jornada de organização das suas emoções, conhecimentos e prioridades vai fazer você agir e assumir riscos em prol dos seus maiores sonhos. E espero que esteja preparado para assumir um compromisso consigo mesmo, pois decidir por uma nova e próspera história é um caminho sem volta. Mas fique calmo, pois haverá retornos e áreas de descanso. O que não existirá será espaço para desistir.

Sabe aquela faxina que precisamos fazer em que colocamos tudo para fora dos armários e começamos a limpar, abrir espaço, jogar coisas fora e doar, até que somente o que faz sentido esteja pronto para voltar ao lugar original em um espaço agora arejado, limpo e pronto para receber novos itens? A minha proposta é exatamente este tipo de organização: visitar cada cômodo da sua vida; traçar novas metas; potencializar habilidades; exercitar mente, corpo e coração; além de estabelecer um ciclo virtuoso para os seus novos dias. Quando se der conta, estará em movimentos constantes, organizados e prósperos. Empreender vai além de apenas abrir um negócio. Empreender é sobre agir com liberdade, respeitando processos e na direção certa.

Então é hora de colocar a mão na massa e traçar um plano de ação. Importante reforçar que se trata de um ciclo, ou seja, ele não terá começo, meio e fim definidos, pois se transformará à medida que você evoluir. É um processo contínuo e o ajudará a equilibrar e organizar as suas ações.

CICLO IMPROVÁVEL

Para iniciar, pegue uma folha em branco e comece o seu primeiro ciclo, seguindo como modelo a figura a seguir. Imagine cinco grupos principais: pessoal, profissional, espiritual, movimento (corpo) e finanças. Em cada uma dessas áreas, defina no mínimo um e no máximo três objetivos. Por exemplo: na área pessoal, você pode colocar "tratar os meus problemas de relacionamento familiar". É muito importante que você faça uma análise criteriosa de como está a sua vida, o que precisa ser melhorado, transformado. O valioso aqui é a qualidade dos objetivos que você vai traçar, e não a quantidade.

No pessoal, analise suas relações afetivas, familiares, amizades, comportamentos e atitudes; no profissional, verifique se possui as formações acadêmicas que são importantes para a sua área, se é valorizado e reconhecido como deseja, se está onde gostaria de estar; na espiritualidade, não importa qual a sua religião,

Nome: _____ Data de início: / /
Prazo de execução: ( ) 30 dias ( ) 60 dias ( ) 90 dias

Ciclo Improvável: framework desenvolvido pela autora em parceria com o designer e amigo Luiz Henrique (Rick).

verifique como está sua conexão com suas crenças, valores e fé; no movimento, encontre os pontos relacionados a sua saúde física que precisam de atenção; para as finanças, lembre-se que realizar sonhos custa dinheiro e estabeleça as prioridades com foco em poupar, eliminar os excessos e desperdícios.

Defina seus objetivos e saiba que cada um vai derivar pelo menos uma ação; assim, comece estabelecendo aqueles que sejam alcançáveis, pois a meta é que você consiga realizar o que se propõe, sem gerar frustrações, pois esse ciclo tem a missão de criar um fluxo de prosperidade e impulsionamento, e não o contrário.

AÇÕES

O próximo passo será definir ações. Voltando ao objetivo que trouxe como exemplo, para tratar problemas de relacionamento familiar ou comportamentais, a ação deve ser: fazer terapia. Dica: a ação proposta precisa resolver o problema que foi estabelecido como objetivo e, caso necessário, não se limitar a apenas uma atitude. As ações podem ser pontuais ou demandar frequência, como a terapia, por exemplo.

Nesse ponto, vale incluir parênteses, pois precisaremos fazer um combinado entre nós. Está preparado? Quero que se comprometa a não abandonar o processo quando começar a ficar muito incômodo ou até mesmo dolorido, e continuar avançando para cumprir os seus objetivos. Gosto de reforçar isso porque, naturalmente, temos na dor um incentivo para a pausa, mas nesse caso temos que ensinar a nossa mente a entender que a dor gerada pelo processo de crescimento não é somente necessária, mas também um sinal de avanço.

Com o passar dos dias, você observará que haverá áreas em que será mais fácil atingir as metas e outras não, mas não se preocupe. Até que o equilíbrio esteja presente, isso vai acontecer e não há problema algum nisso. Atente para não se descuidar de nenhuma área a ponto de não realizar ação alguma e não conseguir enxergar o progresso, por menor que ele possa parecer.

PRAZO DE AÇÃO

Assim, quando terminar de elencar as atividades por objetivo, separadas por área, a sua engrenagem estará pronta e vai girar sustentada por: amor-próprio, resiliência, fé, disciplina e coragem. Acredite, você irá se surpreender com a força que mora em você! Para fechar, defina um prazo para cada ação e o respeite. Lembre-se: o compromisso que assumimos com nós mesmos precisa ser inegociável.

Durante toda a nossa jornada é muito importante nos alimentarmos de conteúdos de qualidade que nos inspirem, atualizem e ensinem. O livro *Mindset*, de Carol S. Dweck,[1] é um ótimo exemplo. Ele ensina a diferença entre o mindset fixo e o de crescimento, e fortalece a necessidade de mudarmos a nossa mentalidade. Outro livro inspirador que pode servir como base para você é a biografia de Viola Davis, *Em busca de mim*,[2] um texto forte, sincero e encorajador.

Tudo isso que expliquei me ajudou em momentos muito difíceis, por isso quero contar em uma história específica que aconteceu em 2020. Eu ia completar 40 anos, e minhas inquietudes diante da vida pulsavam cada vez mais alto. Tinha feito o desenho do método, mas confesso que ainda não o aplicava como deveria. Ainda habitava o conforto da zona conhecida, e as tentativas de me desprender dela não passavam de ameaças. E foi nessa oscilação entre o conforto e o caos que o mundo sofreu o maior chacoalhão com a pandemia de covid-19.

Em meio à paralisação que fomos obrigados a viver, estranhamente encontrei a maior de todas as motivações, reativei o desenho que tinha feito e comecei a agir. Paralelamente a todo o medo e a dor que sofríamos diariamente, fui buscando entender o meu papel nisso tudo e quais eram os aprendizados. Em minhas orações diárias, dizia a Deus que, se ele me permitisse sobreviver, não teria mais a mesma vida e realizaria os meus objetivos. Mais do que isso, dizia que retribuiria a graça de estar viva compartilhando conhecimento, experiências e contribuindo para o desenvolvimento do outro. Como principais marcos desse processo, destaco: o fim do meu casamento, a venda de um negócio próspero, a exoneração de um cargo público e o início de uma jornada de empreendedorismo desafiador e aterrorizante, mas deliciosamente incrível.

Eu acreditei em mim e quero que faça o mesmo por você. Desejo genuinamente que acredite em si, que dê a você a oportunidade de construir uma

---

1 DWECK, C. **Mindset**: a nova psicologia do sucesso. Rio de Janeiro: Objetiva, 2017.
2 DAVIS, V. **Em busca de mim**. Rio de Janeiro: BestSeller, 2022.

vida melhor, de conhecer os lugares que sonha, de se permitir ter conforto, comer em bons restaurantes, se divertir e, principalmente, ter dignidade e trabalhar com o que faz os seus olhos brilharem. Quero que entenda que não se trata de uma fórmula mágica para o sucesso, até porque, além de não existir, eu jamais lhe proporia algo que não funciona ou em que eu não acredite.

Mas uma coisa é fato e preciso ser muito sincera sobre isso, pois não quero gerar expectativas e depois frustração: vai ser muito incômodo, não vai ser rápido, as pessoas vão julgar, vão tentar fazer você mudar de ideia e vai haver dias em que você vai pensar seriamente em desistir. As despedidas serão uma constante, bem como as lágrimas, mas, como todo processo sólido de transformação, você construirá a sua mudança de maneira planejada e com um alicerce que irá sustentar a sua jornada no próximo nível.

Como dica final, tente trazer à memória o que traz esperança. Aprendi com a minha terapeuta a pensar nisso nos momentos de dificuldade, mas, principalmente, gosto de praticar esse pensamento para me fortalecer, trazendo à memória tudo o que ainda desejo viver e conquistar. Uma pessoa organizada, focada em se desenvolver, com as emoções em dia, corpo e espírito alinhados e dando valor ao dinheiro é imparável. Você vai adquirir um superpoder, vai construir uma atmosfera próspera e vitoriosa não somente para você, mas para todos que escolherem o apoiar nessa jornada.

Ninguém nasce grande, porém é possível construir uma história de sucesso com esforço, estudo, preservando os seus valores e vencendo os seus sabotadores, dia a dia, e deixar um legado muito valioso no mundo. Eu desafio você, portanto, a dar o primeiro passo e ser a sua melhor escolha e o seu projeto mais audacioso.

THAÍS BRANT *é empreendedora e mentora por vocação, tendo construído uma carreira multidisciplinar atuando em negócios próprios, na educação e no corporativo. Ama viajar e aprender, então foi unindo essas duas paixões que conheceu o berço da inovação e do empreendedorismo no mundo: o Vale do Silício. Especializou-se em Marketing Estratégico pela Universidade de Ohio, além de ter feito Gestão Estratégica de Projetos pela Fundação Getulio Vargas (FGV) e de ter se tornado mestre em Gestão da Tecnologia e Inovação pelo CEETEPS. Mas tão importantes quanto os títulos são as experiências vividas para ser uma nova pessoa e profissional, suportando o processo com fé, coragem e determinação.*

@thabrant Thaís Brant

LOIDE MIRANDA
FOTO © THAÍS VEIGAS RETRATISTA

5
AUTOCONHECIMENTO É A CHAVE PARA DAR SENTIDO A SUA VIDA

Desconhecer-se é adoecer em silêncio. Esta é uma certeza que carrego, mesmo sabendo que pode ser relativo para quem nunca conheceu a necessidade de ser quem é de verdade, pois a submissão e o conformismo falaram mais alto. Mas quem nunca se sentiu confuso, deslocado ou preso a padrões? Sem saber o que seguir na vida e com medo de desconstruir as expectativas criadas desde o nascimento? Todos nós. E quantos buscam viver a verdadeira identidade e dar um significado maior à vida? Poucos, apesar de que alguns acreditam serem autênticos por viver uma receita oferecida por alguém que vive na sombra de cópias e protocolos. A verdade é que "a autenticidade está em vias de extinção". É um tanto direta ao ponto essa percepção, mas é algo em que acredito desde a minha adolescência.

Na infância, somos moldados com base nas expectativas da nossa família e da comunidade em que vivemos. Depois, com o passar do tempo, nos acostumamos a padrões preestabelecidos que nos colocam dentro de caixinhas. Fazer bem ao próximo e se preocupar com a imagem que deixamos perante a sociedade sem olhar para dentro de nós e para o que realmente queremos. E, dessa forma, o existir para nós mesmos é minimamente considerado.

Aos poucos, vamos abandonando a nossa autenticidade, deixando-a de lado para que quase seja extinta da vida. Não há espaço para a nossa verdadeira identidade, para a nossa marca genuína. Não aprendemos a adquirir autoconhecimento. Tudo isso, por sua vez, traz como consequências identidades feridas, vidas vazias mesmo tendo sucesso profissional ou material e muita frustração por não se sentir realizado. E nos perdemos ainda mais, com a superestimulação da média que não conseguimos digerir. Dessa forma, a identidade real e autêntica fica abandonada.

O sentimento primário, nesse cenário, é o desamparo – um vazio silencioso que atravessa idades, histórias e contextos. Uma ausência de apoio que confunde, frustra e isola, traduzida na sensação crônica de não pertencimento. É o cansaço de tentar se moldar, todos os dias, a um modelo de vida que sufoca particularidades.

Não saber quem se é tem causado surtos de estresse crônico e desgaste que afetam profundamente a saúde geral de muitos e até os relacionamentos. Para suportar essa angústia, buscamos preencher os vazios com urgência: metas, títulos e distrações. Vivendo o imediatismo como meio para preencher lacunas existenciais, sem saber suportar o processo. Enquanto isso, os sonhos vão sendo silenciados, os desejos engavetados – e uma versão artificial de si vai sendo construída, como enxerto incompatível. Até que, inevitavelmente, chega a rejeição – seja do outro, ao perceber o vazio da performance; seja de si mesmo, ao não mais suportar o peso de não se reconhecer. E então surge a impotência, a estagnação. O ciclo se repete incontáveis vezes, até que se encontre um novo norte e se tome uma decisão em direção à verdade.

Talvez a virada comece agora, aqui, com esta leitura. E para isso farei perguntas simples, quiçá profundas. Quem é você? O que realmente importa para você longe das influências externas? Quais são os seus ideais? Você se sente realizado? Se não, por que não? Qual é o significado que você está imprimindo na sua jornada? Tem vivido por si ou pelos outros?

Atente, em primeiro lugar, a isso. Reflita um pouco, tome um tempo e responda às questões anteriores. Não basta existir – é preciso viver. Romper o ciclo de automatismos é o início da reconstrução interior. Só não deixe para depois, pois a cada dia em que esses pontos são ignorados uma escolha está sendo feita: a de permitir que a vida se desgaste, pouco a pouco.

A ausência de conexão com a própria essência provoca uma dor que é vivida em silêncio, disfarçada no cotidiano e internalizada profundamente. E quando, enfim, se tenta falar sobre isso, o que se encontra? Julgamentos. Frases prontas: "Você precisa amadurecer", "A vida é assim mesmo", "Seja mais forte", "É falta de Deus". E assim se inicia um novo ciclo: mais um curso, mais uma meta e mais uma cobrança. Mas poucos ensinam a voltar para dentro. Ninguém valida o grito abafado da alma por autenticidade. Sabe por quê? Porque existem níveis de empatia que só desenvolvemos com outros quando desenvolvidas e praticadas com nós mesmos.

Se parar para observar, perceberá que as pessoas que deixaram marcas profundas no mundo não o fizeram por acaso. Foram lapidadas por um árduo processo de autoconhecimento e coragem. Tiveram a ousadia de viver a própria essência, de se posicionar mesmo diante da crítica. E, ainda hoje, por mais que se fale de autenticidade, grande parte do potencial humano segue escondido – sufocado pelo medo do julgamento e pela tentativa de se encaixar em padrões impostos. O diferente incomoda quem está preso ao sistema. Mas será que precisa ser assim?

A meu ver, o problema real não está nas aparências, mas nas raízes. Falta solidez interior. Falta verdade. Enquanto isso, sobra cobrança, ansiedade, tristeza e frustração. Muitos se perdem no espelho, mesmo sem se enxergar ali, vagando sem direção. Apegam-se ao externo, aos prazeres momentâneos, à constante atualização nas redes – movidos pelo medo de ficar de fora. Essa pressão tem um alto custo, seja para a saúde, para os valores ou para o próprio sentido da vida. E falar sobre isso nem sempre é bem-visto. Para muitos, soa como exagero, egoísmo ou fraqueza. Mas talvez seja apenas medo de olhar para dentro e encontrar o que foi ignorado por tempo demais.

Assim, eu o convido a conhecer a si mesmo. Não para se limitar, mas para se libertar. Observe com honestidade o seu entorno, as suas relações, os seus silêncios. Talvez perceba o quanto tem se negado. Talvez entenda por que o cansaço não passa, por que a solidão insiste, por que você não se encontra. E, se for o caso, eu entendo. Já estive aí, reprovando conscientemente a minha escuridão. Se for o caso, entendo o que está passando, pois também já vivi essa dor e o desânimo constante.

Você precisa perceber que vivemos essa desconexão não apenas por fragilidades internas, mas por fatores familiares, culturais e socioambientais. Ao nos reconhecermos como seres humanos – seres biopsicossociais –, entendemos que a nossa construção envolve heranças genéticas, assim como marcas profundas do ambiente em que crescemos. É nesse caldeirão invisível de vivências, expectativas e silêncios que vamos, muitas vezes, enraizando modelos que não nos pertencem, que nos privam da nossa autenticidade.

Poucas são as referências que nos ensinam a voltar o olhar para dentro. Poucas são as vozes que nos convidam a desenvolver uma opinião própria. Ao longo do tempo, isso molda uma crença silenciosa e persistente: a de que não vale a pena romper o ciclo. Afinal, a base que nos sustenta – mesmo que nos sufoque – oferece algum tipo de segurança. E mudar é, antes de tudo, desconfortável. Exige coragem, força e muita resiliência. Por isso, parece quase improvável. Mas não é.

A improbabilidade é apenas uma perspectiva. Ela muda conforme o ponto de onde se observa: você está olhando a partir das suas limitações ou do seu potencial? Lá de onde eu venho, em Angola, o que se considera provável para uma mulher costuma estar delimitado a ser uma boa dona de casa, uma esposa respeitável, uma mãe dedicada. Qualquer coisa fora desse roteiro parece um devaneio.

Então cresci carregando por dentro a necessidade de ser a filha que não podia errar, a irmã que precisava ser exemplo, a bela jovem mulher com bons princípios, modéstia e a que vivia o paradoxo entre ser de acordo com a cultura ou fazer diferente. E comecei me recusando a me encaixar no que estava desenhado. Decidi que a improbabilidade seria a minha bússola, não a minha limitação.

Assim como eu fiz, quero que você comece se olhando a partir do seu potencial. Quero que vá além das expectativas que moldaram a sua visão do mundo. Para ser uma marca única, é preciso olhar para dentro de você, descobrir a sua verdadeira identidade, conectar-se com ela e vivê-la com autenticidade em sanidade. Será preciso sair para o mundo, como objeto de transformação para outras pessoas em um processo de autoconhecimento.

Então afirmo: conheça a si mesmo. Desfrute de quem você é e se cure aos poucos. Uma alma ferida não constrói edifícios fortes, mas a dureza da vida molda grandes seres se eles estiverem atentos e souberem aproveitar as oportunidades. Para isso, comece por você; depois, avance.

1. COMECE POR VOCÊ

Silencie as influências externas que o consumiram ao longo dos anos. Dê um passo para dentro de si e escute a sua voz. Pergunte-se: o que realmente faz sentido para você? O que tem carregado que não o pertence? Antes de qualquer transformação, é essencial se reconectar consigo mesmo.

2. INVISTA EM AUTOCONHECIMENTO

Mergulhe em si mesmo. Para isso, explore a sua história, os seus gostos, os seus sonhos, as suas feridas e, principalmente, o seu potencial. Este é um processo de cura interior. Nenhum negócio forte se sustenta com uma mente fragilizada. Se precisar, busque ajuda profissional. Todos nós lidamos no dia a dia com pessoas, e isso exige estar bem consigo mesmo. Então aceite o desconforto de enxergar os seus defeitos, mas não se prenda a eles. Foque as suas qualidades, aquilo que você pode oferecer ao mundo para aliviar a dor do outro.

3. REFORCE O AUTOCUIDADO

Reserve tempo para cuidar de si mesmo. Comece pelo básico, como sono, alimentação, hidratação, exercício físico e saúde em geral. Depois, invista nas relações saudáveis. Comece pela família e pelos amigos que realmente o fortalecem. E tenha momentos de lazer, afinal, o sucesso profissional não precisa ser construído às custas da sua felicidade. Equilibre progresso e bem-estar para uma jornada mais leve e sustentável.

4. APRENDA E SE CAPACITE

O processo de aprendizado pode ser desafiador, mas nunca é impossível. Invista em conhecimento. Leia, estude e busque novas perspectivas. Toda evolução exige dedicação e disciplina. Pergunte-se constantemente: o que posso aprender hoje que me deixará mais preparado para o amanhã?

5. TRANSFORME PLANOS EM AÇÃO

Sonhar é importante, mas sem ação os sonhos se perdem no tempo. Defina objetivos claros e transforme as suas ideias em planos concretos. Trace metas alcançáveis, estabeleça prazos e tome medidas diárias para avançar.

6. TENHA UMA MENTALIDADE DE CRESCIMENTO E RESILIÊNCIA

Errar faz parte do caminho. Grandes conquistas são construídas sobre aprendizados extraídos de tentativas frustradas. Desenvolva uma mentalidade de crescimento: em vez de temer os desafios, veja-os como oportunidades de evoluir.

Com todos esses passos, é possível chegar mais perto da sua essência e da real identidade. Mas, para mim, o momento mais decisivo foi quando terminei a faculdade e precisava escolher uma especialidade. Percebi que tinha muitas influências externas, e uma delas era a de não continuar a estudar e focar em formar uma família ou me casar.

Antes de estudar medicina, eu era estudante de enfermagem. Na época, estava bem resolvida e com um pensamento bem limitado: terminar a universidade, casar-me e ter um emprego fixo. Mas tão logo me formei como técnica de enfermagem, faltando dois anos para a licenciatura, tive a oportunidade de sair de Angola para fazer medicina no exterior começando do zero. Os meus professores insistiram muito que eu aceitasse a proposta e viram um potencial que eu nunca havia enxergado em mim. A minha família deu total apoio e, assim, abri mão da minha zona de conforto e decidi sair do país e começar uma nova graduação.

Eu ousei, e essa foi a melhor decisão que tomei na minha vida. Hoje estou aqui, fazendo o segundo ano da residência em Psiquiatria na Universidade de São Paulo (USP), ao mesmo tempo que lanço um capítulo em uma obra coletiva.

Ainda continuo aprendendo sobre mim, mas me sinto realizada com a minha jornada, mesmo não tendo me casado ainda, mesmo não tendo filho, mesmo estando solteira. Essa é a importância da coragem de olhar para dentro para assumir o que há em você. Eu tive apoio dos meus, mas nada funcionaria se eu não desse o passo que me livrou de padrões. Por isso apresentei o passo a passo para se reconectar consigo mesmo. É o que o ajudará a entender quais serão os focos que o farão se sentir realizado. Para que não chegue no futuro, olhe para trás e se arrependa na velhice daquilo que o tempo não traz de volta. Isso é cuidar da mente, hoje, amanhã e sempre, para construir um futuro próspero sem se perder em distrações que o desviam do alvo.

Tenho certeza de que dificuldades aparecerão, e que muitas delas parecerão impossíveis. Mas não são. Trabalhe em si mesmo. Se sentir que está em um período mais frágil, que está se colocando como vítima do acaso, faça diferente. Olhe para si de modo diferente. É preciso ser cada dia mais forte e mais corajoso. É preciso ser mais resistente, não ter medo do fracasso. É preciso encarar as adversidades como parte do processo, pois elas formam o caráter. A força, a luta e a resistência não fazem somente os músculos crescerem. Elas desenvolvem a mente e tornam você uma pessoa mais forte. Esteja disposto a passar por momentos difíceis, pelo sofrimento, pela dor e por períodos de lágrimas para ser mais forte. Não tente fugir disso.

LEITURAS BÔNUS

- *A coragem de ser imperfeito*, de Brené Brown, um livro em que aprendi sobre a importância da vulnerabilidade e da autenticidade na busca por uma vida plena e significativa.
- *Em busca de sentido*, de Viktor Frankl, que mostrou que, em situações difíceis, é preciso buscar um propósito e significado.
- *Sobre a brevidade da vida*, de Sêneca, em que abri os meus olhos para quão breve é a jornada e como desperdiçamos o tempo com atividades fúteis e preocupações desnecessárias. Hoje, valorizo mais o tempo, busco conhecimento e aproveito cada momento dando significado e plenitude a minha vida.

LOIDE MIRANDA, de nacionalidade angolana, é descendente dos Ovimbundu e herdeira do Umbundu, com o nome Nduva. Nasceu no município da Conda, província do Cuanza Sul, e cresceu no Sumbe, para onde os pais migraram em busca de refúgio durante a guerra civil. Formou-se em Medicina pela Universidade de Ciências Médicas de Havana, Cuba, e, desde 2022, é funcionária pública do Ministério da Saúde de Angola. Atualmente, é residente do 2º ano de Psiquiatria no Instituto de Psiquiatria do Hospital das Clínicas da Faculdade de Medicina da Universidade de São Paulo (IPq-HCFMUSP), no Brasil. Atuou como voluntária e membro da Liga Angolana Contra o Cancro (LACC) durante dois anos. No tempo livre, gosta de ler, cantar, escrever, desenhar e estudar temas diversos. É apaixonada por pessoas e sonha, um dia, poder inspirar uma geração de mulheres que lutam pelos próprios sonhos, ser ponte para o crescimento de crianças e jovens em condições de vulnerabilidade, investir na educação infantil, quebrar estigmas sobre a saúde mental e ser uma boa profissional que também cuida bem do lar.

@dra.loidemiranda   Loide Miranda

Autoconhecimento é a chave para dar sentido a sua vida

MARCOS VILAR
FOTO © ANABRUZAMOLINFOTO

6
FORÇA E CORAGEM PARA SUPERAR LIMITES E CONQUISTAR SUA MELHOR VERSÃO

Você já parou para pensar que todos nós somos improváveis e únicos desde a nossa concepção? Desconsiderando outras variações de qualidade dos óvulos e espermatozoides, a probabilidade matemática de que aquele único óvulo e o único espermatozoide se encontrassem para gerar a vida era de uma entre 15 e 200 milhões, um número que pode variar de acordo com a saúde espermática masculina. Hoje, a probabilidade de ganhar um prêmio com um jogo de loteria no Brasil é de uma entre 50 milhões,[1] ou seja, as probabilidades de que você estivesse aqui eram menores do que ganhar esse grande prêmio.

Por isso, acredito verdadeiramente que todos nós somos improváveis e únicos. Mas como muitas vezes não sabemos que fomos escolhidos pelo Criador para que tenhamos um propósito infinitamente maior do que imaginamos, a nossa falta de identidade, um senso de incapacidade e desmerecimento norteia a nossa mente e ações, criando a improbabilidade como o grande gigante do "não posso" ou "não consigo". Não nos conhecermos paralisa as nossas ações e bloqueia os resultados que tanto almejamos, afastando o

---

[1] QUAL a probabilidade de ganhar na Mega Sena, Quina e outras loterias da Caixa? **Exame**, 15 out. 2024. Disponível em: https://exame.com/invest/guia/qual-a-probabilidade-de-ganhar-na-mega-sena-quina-e-outras-loterias-da-caixa/. Acesso em: 16 abr. 2025.

propósito de vida maior de ajudar a transformar os nossos semelhantes por meio dos nossos dons e habilidades.

Assim, muitos alcançam um reconhecimento pessoal e profissional, mas, devido a problemas emocionais, conseguem perder o que ganharam, desistem do que foi proposto ou simplesmente não acreditam no impossível, colocando obstáculos mentais que geram uma mentalidade de improbabilidade. Essa, em contrapartida, gera mais estresse e desequilíbrios entre vida pessoal e profissional, acarretando sentimento de culpa e insatisfação que afeta diretamente a saúde física e emocional com fadiga, ansiedade, depressão, perda de energia e vitalidade, além de alterações hormonais secundárias à idade ou de todo o processo instaurado.

Essa inconsciência de que somos escolhidos e de que temos um dom único para gerar a transformação se torna relevante e necessita de uma solução urgente, que não gira em torno apenas de alcançar o bem-estar momentâneo; é uma questão de saúde sustentável e de longevidade. Ignorar os sinais de estresse crônico, o desequilíbrio entre vida pessoal e profissional e os desafios de saúde relacionados à idade podem levar a consequências severas a longo prazo. Por exemplo, o estresse prolongado pode aumentar o risco de doenças cardíacas, diabetes tipo 2 e uma variedade de condições psicológicas, incluindo transtornos de ansiedade e depressão.[2] Baixa produtividade, procrastinação, insônia, alterações de concentração e foco são alguns exemplos do que o estresse, a falta de autoconhecimento e da mentalidade adequada podem ocasionar.

Além disso, a falta de atenção ao equilíbrio entre trabalho e vida pessoal frequentemente resulta em relações familiares e sociais deterioradas, reduzindo a qualidade de vida e aumentando a sensação de isolamento e descontentamento. E vejo que é preciso falar sobre isso não apenas para gerar melhoria imediata da qualidade de vida, e sim porque será algo que agirá

---

[2] BRINDLEY, D. N.; ROLLAND, Y. Possible Connections Between Stress, Diabetes, Obesity, Hypertension and Altered Lipoprotein Metabolism that May Result in Atherosclerosis. **Clin Sci**, v. 77, n. 5, pp. 453-461, 1989. Disponível em: https://doi.org/10.1042/cs0770453. Acesso em: 16 abr. 2025.
SCHNEIDERMAN, N. et al. Stress and Health: Psychological, Behavioral, and Biological Determinants. **Annual Review of Clinical Psychology**, v. 1, 2005. Disponível em: https://doi.org/10.1146/annurev.clinpsy.1.102803.144141. Acesso em: 16 abr. 2025.

na prevenção de problemas de saúde mais graves no futuro, garantindo uma trajetória de vida mais plena e realizada.

Temos, portanto, sentimentos como frustração, não pertencimento, incapacidade e não merecimento, que são muito comuns e debilitantes para o ser humano na própria individualidade, assim como nas relações pessoais, familiares e profissionais. A frustração, por si só, alimenta a crença de inutilidade, abala a autoconfiança e a motivação, enquanto o não pertencimento gera alienação e isolamento, agravando a sensação de solidão mesmo no meio de muitos. A incapacidade, no que lhe diz respeito, limita a mente e as atitudes enquanto mina a autoestima, bloqueando-a de atingir o pleno potencial. Já o sentimento de não merecimento paralisa as nossas conquistas, a criatividade e a iniciativa, como se existisse uma voz interna afirmando que não somos dignos de todo o sucesso alcançado.

Juntos, esses sentimentos estagnam o crescimento pessoal e profissional, corroendo a nossa saúde mental, emocional e física. No entanto, essa dinâmica pode ser revertida ao reconhecermos a nossa natureza improvável e única, uma vez que fomos escolhidos para um propósito grandioso. Sonhar, acreditar com fé e agir para transformar o impossível em possível são os primeiros passos para a mudança.

Em seguida, percebo que, no mundo atual, em que a tecnologia acelera tudo e eleva as expectativas, a demanda por resultados instantâneos e perfeitos gera uma pressão interna que pode levar ao estresse patológico, impedindo um raciocínio claro e a ação efetiva. A constante exposição a vidas "perfeitas" nas redes sociais intensifica a cultura da comparação, agravando sentimentos de inadequação e a frustração por não alcançar um "sucesso" idealizado. E o que frequentemente bloqueia o progresso em alcançar objetivos é a falta de resiliência, paciência e coragem para encarar os desafios como oportunidades de crescimento.

Ademais, o hábito de criar desculpas, distrações ou comparações pode paralisar ações e obscurecer o caminho para os objetivos definidos. Cultivar uma mentalidade focada e implementar ações deliberadas é crucial para superar barreiras impostas por pressões externas e internas. Essa abordagem não só facilita a conquista de metas autênticas, mas também fortalece a resiliência, permitindo uma navegação mais eficaz por meio dos desafios ao maximizar o potencial pessoal e profissional para alcançar um sucesso autêntico.

Então, quero que você tenha um olhar diferente para si mesmo a partir de agora. Seja forte e corajoso, faça o necessário com foco no alvo, evitando distrações e comparações. Lembre-se de que o seu dom é único. A importância de ter essa clareza reside na habilidade de transformar desafios em oportunidades de crescimento pessoal e profissional. A consistência nesse comportamento ajuda a desenvolver a resiliência, uma qualidade essencial para navegar pelos altos e baixos da vida com equilíbrio e sabedoria.

A força é mais do que apenas resistir; é também saber quando e como agir para fazer mudanças significativas. Ser corajoso envolve tomar decisões conscientes, mesmo quando elas são difíceis ou incertas, e manter o foco no alvo desejado. Evitar distrações e comparações é crucial porque permite que você trilhe o seu próprio caminho sem ser desviado ou desmotivado pelos sucessos ou fracassos dos outros. Cada pessoa tem um conjunto único de talentos e circunstâncias, e reconhecer e valorizar o seu dom único pode liberar um potencial inexplorado.

Essa ideia de ser forte e corajoso é ideal para conquistar tudo na vida, e com base nessas premissas vejo que existem quatro passos importantes para alcançar os seus resultados. Explicarei cada um deles a seguir:

1. **AVANCE COM FORÇA E CORAGEM:** a improbabilidade muitas vezes nasce em uma mente focada em problemas, mas se dissolve quando, com coragem e força, redirecionamos o nosso foco para as possibilidades. Qualidades como resiliência, determinação e obstinação, comuns nos fortes e corajosos, nos capacitam a superar obstáculos que a princípio parecem intransponíveis.

2. **TENHA ALVOS CLAROS:** utilize a técnica SMART para garantir que cada objetivo seja específico, mensurável, atingível, relevante e temporal, elementos que formam o acrônimo mencionado. Além de definir claramente os objetivos, incorpore práticas como meditação para melhorar a concentração, reduzir o estresse e aumentar a clareza mental. Essas práticas ajudam na definição de objetivos ao promover um estado de calma e consciência que é essencial para

reconhecer o que realmente importa para você, melhorando a sua saúde física e mental.
3. **ELIMINE AS DISTRAÇÕES:** crie um ambiente de foco e implemente técnicas de manejo de estresse baseadas em evidências, como biofeedback ou aromaterapia, para criar um ambiente pessoal ou de trabalho mais tranquilo e focado. Essas técnicas podem ajudar a reduzir a ansiedade e melhorar a capacidade de concentração, diminuindo as distrações causadas por estresse ou ansiedade.
4. **SE VALORIZE:** realize uma autoanálise para descobrir os pontos fortes e habilidades distintas que você tem. Considere como esses talentos podem ser estrategicamente utilizados para atingir os seus objetivos de modo mais rápido e eficiente. Melhore a sua alimentação e suplementação para otimizar o bem-estar físico e cognitivo, alavancando naturalmente os seus pontos fortes. Certos nutrientes, como ômega-3, magnésio, vitaminas do complexo B e antioxidantes, podem melhorar a função cerebral e hormonal, e fortalecer a saúde física e mental, potencializando as suas habilidades naturais.

Esses quatro passos, então, encapsulam uma filosofia dos vencedores para alcançar qualquer objetivo na vida, combinando a força mental com estratégias práticas. Ao cultivar coragem e resiliência, definir metas claras, eliminar distrações e valorizar os seus dons únicos, você estabelece um caminho sólido para o sucesso. Cada passo é uma peça crucial no seu quebra-cabeça chamado "vida".

Para mim, um dos momentos mais decisivos na carreira aconteceu quando um paciente, que por anos enfrentou a depressão e a hipertensão, adotou integralmente o método dos quatro passos que apresentei a você. Essa mudança não só transformou a saúde física, mas também promoveu uma profunda reavaliação de crenças e conceitos, corrigindo distorções de longa data na percepção dele.

A abordagem incluiu ajustes na dieta, exercícios regulares, práticas de mindfulness e meditação, além de suplementação com nutrientes, vitaminas e hormônios. Essa estratégia holística aliviou os sintomas e transformou radicalmente a vida dele, trazendo-lhe nova energia e disposição, diminuindo significativamente a dependência de medicamentos e, o mais importante, restaurando a alegria de viver.

Testemunhar essa transformação não só foi extremamente gratificante para mim como também reforçou a eficácia do método que defendo. Essa experiência consolidou a minha convicção de que mudanças significativas requerem decisões firmes no presente para garantir um futuro transformador. Por esse motivo encorajo todos a adotarem uma abordagem semelhante, não apenas para superar desafios, mas para alcançar uma vida plena e saudável.

Essa é a sua chance de conquistar os seus objetivos e promover uma transformação interna profunda. Ao praticar a resiliência, definir objetivos claros, eliminar distrações e valorizar as suas habilidades únicas, você estará equipado para enfrentar desafios com uma nova perspectiva, fortalecido para alcançar uma vida mais plena e satisfatória.

Então comprometa-se com o processo de crescimento contínuo. Não veja esses quatro passos apenas como uma lista a ser completada, mas sim como um ciclo de melhoria contínua. E se estiver pensando em desistir, lembre-se de que o sentimento de estagnação ou frustração é muitas vezes um sinal de que está prestes a alcançar um avanço.

Cada pequeno passo que você dá constrói uma base mais forte para seu futuro. Olhe para trás e veja o quanto já conquistou com o que aprendeu até agora. Use a sua visão de longo prazo como combustível para persistir e lembre-se de que cada ação, mesmo pequena, acumula-se em direção a grandes resultados. Permita-se valorizar cada passo do caminho, sabendo que você tem um conjunto de habilidades e talentos que ninguém mais possui. Use isso a seu favor e siga em frente com força, coragem e confiança.

Tudo isso será como uma bússola de valores e princípios fundamentais que precisam ser seguidos. E, no meio do caminho, é importante que esteja preparado para ajustar a rota conforme necessário, pois o sucesso raramente é linear. A jornada em direção aos sonhos está repleta de altos e baixos, isso é normal. Porém você deve se manter forte e corajoso para abraçar cada desafio com resiliência.

A obstinação em busca do seu sucesso é o que irá diferenciá-lo e impulsioná-lo além dos obstáculos. Por isso, concentre-se na sua própria evolução, medindo o seu progresso com base em onde começou e onde está agora. E evite distrações daqueles que não apoiam o seu crescimento; em vez disso, escolha aliados que enriquecem a sua jornada e celebram as suas conquistas.

Por último, com estas palavras finais, quero que recorde que você já é improvável e que cada passo que você dá é parte da sua extraordinária jornada de vida.

MARCOS VILAR *é médico, palestrante, empresário e criador de conteúdo digital, com uma missão de vida dedicada a ajudar pessoas a conquistarem mais saúde, qualidade de vida, performance e longevidade por meio da saúde integral. Autor de vários e-books e cursos digitais, inspira hábitos saudáveis e orienta outros profissionais da saúde.*

@dr.marcosvilar

GERALDO RUFINO
FOTO © VINICIOS MACHADO

7
EMPREENDER: APRENDER, AJUSTAR E SEGUIR COM CONFIANÇA

Nos próximos parágrafos, quero falar sobre erros, sobre aprender e não desistir.

Na vida, há barreiras que parecem ser intransponíveis, dificuldades que parecem que não vamos aguentar, e é por isso que falar sobre isso é tão importante. Para mim, o maior problema da maioria das pessoas é a crença de que as dificuldades não poderão ser superadas, quando, na verdade, elas são apenas degraus para o próximo nível. O medo do fracasso, a insegurança e a falta de resiliência impedem muitos de darem o primeiro passo rumo ao objetivo e à materialização do propósito.

Essa é uma dor de muitos, e sei que ela paralisa. Muitas pessoas ficam presas ao medo de errar, ao receio da opinião alheia e à falta de clareza sobre o que fazer. Mas quero mostrar que errar faz parte do processo e que todo sucesso é construído em cima de muitos erros e aprendizados. Porém não podemos desistir.

Quando tem medo de falhar, você se fecha para novas oportunidades, tanto nos negócios quanto na vida pessoal. É uma sensação constante de insegurança, algo que afeta os relacionamentos, a autoconfiança e até mesmo a saúde, porque você fica travado, sem agir.

Fico sensibilizado quando vejo pessoas com potencial gigantesco desperdiçando oportunidades por medo de errar; e também quando as pessoas culpam o governo, a economia ou os outros, terceirizando a responsabilidade, em vez de assumirem o controle da própria vida. Será que você tem feito isso?

A vida não espera. Quanto mais tempo você passa paralisado pelo medo, mais oportunidades perde. E cada dia sem ação é um dia a menos para construir o futuro que deseja. É preciso agir agora, porque o tempo é um recurso que não volta mais.

Quanto mais adiar uma decisão, maior será a distância entre onde você está e aonde gostaria de chegar. Muitas vezes, esse mesmo medo e essa mesma incerteza fazem com que você adie mudanças importantes, e cada dia de espera significa menos tempo para realizar os sonhos.

O medo é uma válvula de proteção, mas viver com medo de errar faz você perder oportunidades de crescimento, tanto na vida pessoal quanto na profissional. Deixar de tentar é deixar de evoluir e criar conexões importantes. Isso sem contar que o medo trava a criatividade, afasta boas oportunidades e faz com que você veja apenas os desafios, em vez das possibilidades. É por isso que é fundamental mudar a mentalidade e agir!

Vá com medo mesmo, mas vá, porque o medo não pode ser maior do que sua fé e sua determinação.

Tudo isso, como resultado, pode gerar frustração, ansiedade e, muitas vezes, baixa autoestima. Além disso, a insegurança gera um círculo vicioso: quanto mais você duvida de si mesmo, menos tenta, e quanto menos tenta, mais sente que não é capaz. Isso pode levar a uma sensação constante de estar estagnado, como se fôssemos vagões, quando, na realidade, somos locomotivas.

É um custo emocional imenso: baixa autoestima, sentimentos de incapacidade e a sensação de estar sempre atrasado em relação aos outros. O custo prático também é alto, com oportunidades perdidas e projetos que nunca saem do papel. Quem não enfrenta esse problema hoje pode se ver, anos depois, lamentando o tempo perdido e se perguntando como teria sido se tivesse agido antes.

Assim, o que diferencia aqueles que conseguem daqueles que ficam parados é a atitude diante do medo. Medo de tentar e fracassar: o receio de errar faz com que você nem tente, o que o impede de descobrir o verdadeiro potencial e crescer. Quanto mais rápido entender que errar faz parte do jogo e que cada tentativa o aproxima do progresso, mais cedo você sairá desse ciclo de incerteza e começará a transformar a própria vida.

Percebo que esses fatores têm aparecido porque muitas pessoas foram condicionadas a buscar perfeição e evitar riscos, o que cria um medo paralisante de errar, pois acreditam que qualquer falha pode ser definitiva. Além disso, falta a referência de que errar é parte do caminho para o sucesso. Elas veem apenas o resultado dos bem-sucedidos, mas não conhecem as quedas e os desafios que eles enfrentaram para chegar lá.

A pressão social pelo sucesso imediato e a comparação constante com outras pessoas são grandes fatores que reforçam essa dificuldade. Nas redes sociais, só se vê a vitória, nunca as dificuldades. Isso cria a ilusão de que errar não faz parte do processo. Mas a verdade é que, no jogo da vida, deveríamos nos preocupar com quem acredita não cometer erros.

Como não temos exemplos práticos de que errar faz parte do processo, apenas a exaltação constante do que foi feito de certo, muitos acreditam que um erro significa fracasso definitivo, quando na verdade é apenas um degrau para o crescimento.

Há também o medo do julgamento e a falta de confiança em si mesmo como principais bloqueios. Sem um ambiente de apoio ou exemplos de superação, muitos acreditam que são os únicos a enfrentar desafios e acabam desistindo antes mesmo de tentar. E quando olham para o outro, comparam-se. Sentem-se inferiores ao ver apenas os resultados dos outros, sem conhecer as dificuldades e tentativas frustradas.

É preciso, portanto, acreditar em si. Quando você acredita em si mesmo e tem fé, o medo perde a força e as oportunidades aparecem.

No fim, empreender não se trata de nunca errar, e sim de aprender, ajustar e seguir em frente com confiança. A transformação começa quando você muda a sua relação com o erro e passa a enxergá-lo como aprendizado, não como fracasso.

E lembre-se: se você esperar estar 100% pronto para agir, nunca vai sair do lugar. É a ação que gera crescimento, e não o medo que paralisa. Quero que você supere essas barreiras internas e crie uma mentalidade que impulsiona resultados reais.

Para tanto, a chave é simples: confiar em si mesmo e agir apesar do medo.

Desse modo, para transformar a sua vida e os seus negócios, é preciso ter clareza de aonde quer chegar e disciplina para agir, mesmo diante dos desafios, pois deixar de tentar é semelhante a deixar de viver, e desistir não pode ser uma opção.

Aqui estão dois passos essenciais para criar essa mudança:

1. **MUDE A MENTALIDADE E ENXERGUE O ERRO COMO PARTE DO SUCESSO:** o primeiro passo para aumentar os seus resultados é parar de enxergar o erro como inimigo. Todos que alcançaram grandes resultados já erraram muito no caminho. A diferença é que aprenderam e seguiram em frente. Se você quer crescer, precisa mudar a sua relação com o erro. Em vez de perguntar "por que isso aconteceu comigo?", pergunte "o que posso aprender com isso?". Sempre que cometer um erro, anote o que aprendeu e como pode evitar repetir o mesmo problema. Busque histórias de pessoas que realizaram algo positivo e perceba quantas vezes elas falharam antes de chegar lá. Cultive uma mentalidade de aprendizado constante.

2. **TOME DECISÕES E AJA, MESMO SEM TER TODAS AS RESPOSTAS:** esperar a condição perfeita é um dos maiores bloqueios para o sucesso. A realidade é que você nunca terá todas as respostas antes de começar. O segredo está em agir com o que tem agora, aprendendo e ajustando no caminho. Então defina um objetivo claro e dê o primeiro passo hoje, por menor que seja.

Crie metas pequenas e atingíveis para medir o seu progresso. Pare de se comparar com os outros e foque a sua evolução. A transformação acontece quando você troca o medo pela ação e a insegurança pela confiança.

Esse plano é simples, mas poderoso: se você aplicar esses passos, começará a ver mudanças reais na sua vida e nos seus negócios.

Comigo foi assim também, e espero que você teste na sua jornada. Todas as vezes que eu quebrei, poderia ter desistido. Em vez disso, escolhi aprender com cada queda e transformar os erros em degraus para a próxima conquista.

Nunca fali ou fracassei, só fiquei sem dinheiro, e essa é uma das coisas mais fáceis de recuperar. Então, se o grande problema que você tem pode ser resolvido com dinheiro, agradeça.

Você já aprendeu uma vez como conquistar, consegue fazer de novo. Dessa vez com mais experiência, resiliência e confiança.

O que você não pode deixar abalar são os seus valores, a sua fé e a sua família, que são a base da sua estrutura para se manter de pé.

Por isso, sempre recarregue as suas baterias ao lado dos seus, das pessoas que estão com você todos os dias. Não deixe que as suas conquistas sejam maiores do que você, porque, se um dia você as perder, continuará completo, sendo o mesmo.

Lembre-se de que ninguém faz nada sozinho; não se trata das conquistas ou do quanto você tem, e sim do valor de quem você tem.

Chegou o momento da mudança. Acredite em si mesmo! Pare de esperar a condição perfeita para agir.

A condição perfeita é agora. Tudo o que você quer já está ao seu alcance, mas você precisa dar o primeiro passo. Então confie em si, levante-se, sacuda a poeira e faça acontecer!

> **GERALDO RUFINO** *é empreendedor, palestrante e escritor brasileiro, fundador da JR Diesel, a maior empresa de reciclagem automotiva da América Latina. A trajetória começou como catador de latinhas, e, apesar de enfrentar seis crises financeiras ao longo da vida, a resiliência e a mentalidade positiva o levaram ao sucesso. Com um olhar inovador para os negócios, Rufino transformou adversidades em oportunidades, criando um império a partir da reutilização de peças automotivas. A história de superação e a maneira leve e bem-humorada de lidar com os desafios despertaram o interesse de milhares de pessoas, levando-o a se tornar um dos palestrantes mais requisitados do país. Autor dos best-sellers* O catador de sonhos *e* O poder da positividade, *ambos lançados pela Editora Gente, Rufino compartilha uma visão otimista sobre a vida e os negócios. A influência que tem se estende para além do mundo empresarial, impactando milhões de seguidores nas redes sociais e em entrevistas para grandes veículos de mídia. Nas palavras dele: "sou apenas um brasileiro, empreendedor da vida e apaixonado por pessoas".*
>
> @geraldoarufino   Geraldo Rufino   @geraldorufino

SERGIO BUAIZ
FOTO © ANDERSON RODRIGUES

RESTAURE O BRILHO DO ENTUSIASMO

A maior barreira que impede você de empreender com resiliência e conquistar o impossível não está no mercado, na economia ou na concorrência. Está dentro de você. Mas tenho certeza de que não é falta de mentalidade empreendedora ou pensamento positivo. A questão é um pouco mais profunda: é provável que a sua bateria anímica esteja quase sempre na reserva, como acontece com grande parte da população.

Sem ânimo suficiente, não há estratégia ou disciplina que resolva. O desempenho cai quando falta energia espiritual de boa qualidade. Entra-se no modo econômico, o que faz o corpo desligar as funções humanas avançadas e passar a reagir no piloto automático, sem investir alma e coração no que está sendo feito.

No dia a dia, essa exaustão silenciosa se manifesta de várias formas: indisposição, mau humor, má vontade, distração, enfim, quando a energia oscila, o tempo parece voar sem sentido e você se vê preso a uma rotina desgastante, sem brilho e significado.

Nos relacionamentos, a desconexão emocional se torna evidente. Você está cercado de pessoas, mas sente um vazio interior que não sabe explicar.

E o mais grave? Esse ciclo vicioso do desânimo que esgota foi normalizado. A cultura da covardia insiste em nos ensinar que basta seguir em frente, trabalhar duro e manter uma boa atitude, mas essa é a maior farsa da era moderna.

Não se trata de melhorar a atitude na base da força. Isso claramente não funciona! É preciso restaurar o brilho do entusiasmo pela vida, com alegria e coragem. Sobreviver com as melhores funções humanas desligadas significa literalmente rebaixar a qualidade de vida em brilho, cor e nitidez. As competências são reduzidas, a capacidade de entrega é prejudicada e nos esforçamos mais para obter menos.

O mais grave é que esse padrão de esgotamento não desaparece sozinho – ele se acumula e piora em uma espiral negativa que se transforma em frustração, estresse e ansiedade, aumentando os riscos de síndromes metabólicas, burnout e depressão.

Sem a recuperação consciente do ânimo, o menor obstáculo parece intransponível e qualquer sonho se torna grande demais para ser realizado.

Você já percebeu que tudo se torna mais difícil quando a sua bateria está baixa? Pequenas decisões são exaustivas, os desafios são esmagadores e a vida não evolui.

Isso acontece porque seu poder de ação não depende apenas de boa alimentação, descanso físico e pensamento lógico. Ele vem principalmente do seu estado de espírito, da conexão corajosa que você mantém com o seu eu superior. E sem essa conexão, o que sobra? Injeções de ânimo artificiais que só pioram o quadro.

O desânimo é muito grave porque nos rouba a melhor parte da vida muito antes de a depressão se estabelecer como um alerta. Sabe quando o mundo inteiro pesa sobre os seus ombros? Você não entende por que acorda cansado, mesmo se alimentando bem e após uma noite inteira de sono. Tenta se animar com metas, desafios e novas oportunidades, mas o ânimo não se sustenta. Há um desgaste invisível, um esgotamento silencioso que parece sempre presente.

Além disso, o maior custo de ignorar esse problema é a perda progressiva da sua própria coragem. A cada nova tentativa frustrada, a sua confiança diminui. A cada fracasso, você se pergunta se realmente vale a pena continuar.

Isso afeta a produtividade, os negócios, os relacionamentos e, principalmente, a autoestima. Mas há algo ainda mais sutil: você começa a aceitar essa realidade como normal. Você se acostuma a viver no piloto automático, a sobreviver em vez de viver.

E não caímos nesse ciclo do desânimo por acaso. Ele é construído ao longo do tempo pelos hábitos de pensamento e comportamento que desenvolvemos.

Desde cedo, somos condicionados a priorizar a razão, acreditando que o sucesso depende do desenvolvimento de competências técnicas e da habilidade forçada de manter o pensamento positivo constante, mas ninguém nos ensina sobre a origem do ânimo, que vem do fundo da alma e reflete como brilho do entusiasmo.

A sociedade insiste em nos fazer acreditar que disciplina e comprometimento são características pessoais estáveis que dependem unicamente do caráter, quando na verdade são condições que dependem do "estado de espírito" (humor).

É perigoso quando somos incentivados a manter o foco sem nos conectarmos com o que realmente nos inspira, porque isso gera um conflito interno persistente, que leva ao estresse crônico, ao desânimo, ao esgotamento e ao adoecimento psíquico. A chama interna vai se apagando, perdemos o brilho, o calor e a coragem.

Como solucionar essas questões? A verdadeira resiliência não vem da vontade forçada, mas da capacidade desenvolvida de manter o brilho do entusiasmo apesar das circunstâncias. Definitivamente, o caminho para a saúde mental e emocional que produz motivação constante não é aumentar a pressão psicológica sobre si mesmo nem adotar as estratégias de autossugestão enganosa promovidas pelo positivismo tóxico.

A única forma saudável e previsível de recarregar a sua bateria anímica, restaurar o brilho do entusiasmo e ativar as funções humanas avançadas que caracterizam a sua melhor versão é priorizar o equilíbrio entre corpo, mente e espírito. Isso significa identificar o que esgota o seu ânimo e o que recarrega o seu espírito. Significa abandonar a ilusão de que fazer mais resolve tudo e começar a operar de maneira alinhada com a sua essência, refletindo coragem e alegria no que faz.

Quando você se entusiasma, tudo muda: o cansaço desaparece, você tem clareza, concentração e foco. A sua energia contagia e o que parecia impossível acontece.

Desse modo, para aumentar os resultados na vida, na carreira e nos negócios, você precisa aprender a cuidar melhor da sua energia anímica por meio da Otimização Humana, que passa por quatro etapas que explicarei a seguir. Sem isso, qualquer estratégia de motivação que adotar será passageira e ineficaz.

- **ETAPA 1:** a primeira etapa diz respeito a elevar a sua consciência para converter a covardia em coragem. Em outras palavras, entender que o maior problema da sociedade atual é anímico e é preciso buscar a sua reconexão espiritual.
- **ETAPA 2:** a segunda etapa é interromper o ciclo do desânimo para economizar energia. Isso significa identificar e eliminar tudo o que está consumindo você sem necessidade. Inclui mudar hábitos ruins, evitar ambientes tóxicos e romper relações que fazem mal. Faça uma autoavaliação sincera: o que na sua vida hoje consome energia sem devolver bons sentimentos? Sugiro começar com uma bela faxina em suas redes sociais.
- **ETAPA 3:** a terceira etapa é otimizar a sua matriz energética, aprendendo a nutrir corpo, mente e, principalmente, o espírito, de modo saudável. Sim, reserve tempo de qualidade para a sua conversa interior diária e busque uma conexão genuína com o que realmente importa para você (sem se preocupar em agradar aos outros). Priorize o que aquece e ilumina o seu coração de verdade. Arte? Esporte? Filosofia? Filantropia? Invista a sua atenção no que o inspira várias vezes ao dia, para experimentar os sentimentos de alegria, encantamento, generosidade e gratidão. Quando você entender que alimentar o espírito é mais importante do que alimentar o estômago, a mudança será imediata.

A sua bateria anímica precisa de recarga constante, assim como você recarrega o celular e o notebook. Quanto mais você se alinha com a sua essência, mais consegue gerar energia anímica em seu dínamo e obter autonomia.

- **ETAPA 4:** a quarta etapa é transbordar esse brilho em suas relações, seus projetos e negócios, enriquecendo outras vidas com entusiasmo. Afinal, essa é a energia criativa mais poderosa que existe, que dá sentido à vida, inspirando quem sonha e faz acontecer.

A LIGA DOS HERÓIS ENTUSIASTAS

Um passo complementar ao método Otimização Humana é participar da liga dos heróis entusiastas. A nossa missão é restaurar o brilho de pessoas e empresas, enriquecendo vidas com entusiasmo. E convocamos você a se diferenciar da multidão, aprendendo a ativar e desenvolver os seus superpoderes humanos.

Toda semana realizamos eventos on-line para desenvolver os heróis entusiastas que vão salvar o mundo, especialmente gestores corajosos, educadores inspirados, comunicadores responsáveis, médicos integrativos e psicólogos positivos.

Este grupo de WhatsApp é o nosso canal oficial de comunicação, em que compartilhamos a agenda de eventos, ferramentas e informações exclusivas para quem deseja voar alto. Tenha a *vida ótima* que merece!

Fazer parte da liga é fácil! Basta apontar a câmera do celular para o QR Code ao lado e aproveitar!

Sei que tive sorte no início da vida, porque recebi ótimos estímulos e prosperei muito rápido. Com 25 anos, era reconhecido como autoridade no meu segmento, tinha um livro publicado, escrevia artigos em dezenas de sites e liderava um projeto milionário. Era inspirado, entusiasmado e criativo. Publiquei outros três livros, treinei mais de 150 mil pessoas em eventos presenciais e tive os meus dois filhos nesse período. Sentia-me feliz, realizado e confiante.

Em 2013, porém, as duas pirâmides financeiras mais agressivas da história mundial desviaram R$ 10 bilhões da economia popular. Tentando evitar o pior, fui ameaçado e humilhado em pleno Congresso Nacional, até perder completamente a esperança. Sofri burnout, passei seis meses em depressão e voltei a funcionar, mas disperso, improdutivo e infeliz.

Lancei outro livro, fui líder e diretor de multinacionais, ganhei muito dinheiro e aparentava estar bem. Entretanto, o esforço que precisava fazer para trabalhar me esgotava e não sobrava ânimo para nada. Me isolei da família, dos amigos e de mim.

Em 2020, algumas situações contribuíram para que eu começasse a recuperar parte da consciência e da energia naturalmente. No fim de 2021, uma experiência marcante de autoconhecimento me fez entender o que havia acontecido e me devolveu a paz. Voltei a me sentir entusiasmado. Desde então, tenho me dedicado a desenvolver e compartilhar o método de Otimização Humana que restaurou o meu brilho, enriquecendo vidas com entusiasmo.

Quando me dei conta do apagão anímico e do quanto isso distorce a nossa realidade, entendi que precisava compartilhar esse conhecimento com urgência, pois cada segundo de vida no piloto automático custa muito caro. Eu não sei o que o motivou a ler este livro, mas garanto que não há como empreender com resiliência e conquistar o impossível sem energia anímica.

Aliás, se existe uma variável determinante para a felicidade e a prosperidade, uma qualidade comum a todas as pessoas bem-sucedidas da história, inclusive as mais improváveis, é essa capacidade de sustentar o próprio ânimo apesar das circunstâncias, enriquecendo outras vidas com o brilho do entusiasmo.

Tenho certeza de que você já experimentou essa energia criativa maravilhosa em alguns momentos da vida, quando os seus olhos brilhavam, você sorria sem fazer força e tudo fluía bem porque o seu coração estava pegando fogo.

O que está em jogo não é apenas sua produtividade ou desempenho profissional, mas a sua capacidade de viver uma vida ótima, cheia de significado e valor. E chegar até aqui não foi apenas uma leitura, foi um despertar! A exaustão que a maioria sofre não é uma sentença, e a energia perdida pode ser restaurada com amor.

Isso não diz respeito a se esforçar mais, e sim a viver uma vida ótima, com mais equilíbrio, saúde e energia. É sobre manter ativas as suas funções humanas avançadas, sem depender de injeções de ânimo artificial. É sobre parar de cumprir as obrigações que o esgotam e dedicar mais tempo ao projeto de conquistar o impossível que incendeia o seu coração!

Sua melhor versão merece brilhar com entusiasmo! É hora de lutar o bom combate, fazer a diferença positiva no mundo! É o momento de assumir o seu protagonismo e construir um caminho de grandes realizações, porque, acredite, o seu coração vale uma fortuna agora!

Seja um herói entusiasta! Ative o seu dínamo e vamos juntos iluminar o mundo!

> **SERGIO BUAIZ** é criador do Movimento Entusiasta, número um em otimização humana, heroísmo, liderança dinâmica e engajamento 3.0. É consultor, treinador de desenvolvimento humano, foi mentor de liderança e conselheiro estratégico em mais de cinquenta empresas. Treinou mais de 150 mil pessoas em eventos presenciais e tornou-se uma das maiores autoridades em vendas diretas da América Latina. Desde que se recuperou de um processo de burnout e depressão, tem se dedicado a um profundo estudo sobre Psicologia, Neurociência, Metabolismo e Cardioenergética, com foco em mapear os processos naturais e desenvolver métodos eficazes para ajudar outras pessoas a sustentarem esse estado de ânimo por mais tempo. Em mentorias e treinamentos, tem formado uma nova geração de gestores corajosos e dispostos a ajudá-lo na missão de restaurar o brilho de pessoas e empresas, enriquecendo vidas com entusiasmo.
>
> @sergiobuaiz   Sergio Buaiz

KALLINE PONDOFE SANTANA

FOTO © GISLAINE AZEVEDO

SEJA A LOCOMOTIVA DA SUA VIDA: ULTRAPASSE LIMITES E CONQUISTE O IMPROVÁVEL

Na minha adolescência, lembro-me de que eu estava vivendo um momento difícil, que poderia definir toda a minha trajetória de vida. Os detalhes não são importantes, mas a realidade é que eu estava diante de uma grande dúvida, e a escolha errada poderia me levar a um caminho que não desejava.

Na época, lutei com as minhas ideias, não sabia como decidir e o que fazer, até que um amigo me sugeriu uma atividade diferente. Pediu que eu pegasse uma cartolina, passasse um traço ao meio e começasse a anotar, em cada lado, os pontos positivos e negativos de cada situação, para depois analisar qual caminho seguir.

Mesmo sem saber, eu estava racionalizando as minhas emoções, aplicando o que chamamos de inteligência emocional, um conceito que ficou famoso tempos depois. Fiz isso um tanto quanto cética, porque não sabia se seria efetivo, mas, para a minha surpresa, foi. Funcionou! Desde então, comecei a aplicar essa ferramenta, sempre adaptando ao que estou vivendo e criando possibilidades e versões do que vou viver. E é sobre essas possibilidades, essa análise e avaliação que vamos falar aqui.

Quero ajudar você a olhar ambos os lados de uma mesma moeda para identificar o que está acontecendo e poder, assim, mudar o que está travando você. Para que você possa parar de olhar a grama do vizinho e deixe de achar que ela sempre está mais verde do que a sua. No mundo atual, isso se tornou ainda mais intenso, principalmente com as redes sociais, que mostram momentos felizes ao extremo, criando em nossa mente a ilusão da perfeição.

O problema é que, ao focar o outro, você se esquece de olhar para a sua própria vida. De repente, se vê navegando no Instagram admirando a vida daquele colega da escola ou da faculdade que posta conquistas, viagens, família feliz, enfim, a vida "perfeita". O peito aperta, aparece aquela inveja "boa", como dizem, e você pensa: *eu deveria estar nesse nível também*. Ou então: *ele conseguiu, mas eu não*. Sem dúvida, é possível que a sua realidade realmente não seja das melhores, até porque somos mais críticos em relação a nós mesmos do que somos em relação ao outro. Mas essa comparação gera um ciclo perigoso, desmotiva, causa insegurança, vitimismo e muitas vezes paralisa. É como dirigir um carro com o para-brisa muito sujo, dificultando o caminho e fazendo com que não chegue aonde gostaria – e merecia –, então você evita olhar pelo retrovisor porque não vai ajudar a andar para a frente.

Mas pare e respire fundo. Saiba que você não está sozinho. Reflita sobre a sua vida e se questione: o que realmente o faz feliz, sem precisar da validação externa? O que está o impedindo de agir? Qual é a dor que carrega que está o deixando assim? Qual é a história que está contando para si mesmo que está reforçando essa limitação? É muito interessante quando você decide "limpar o para-brisa" para ver o seu potencial e identificar o que faz você feliz, sem precisar da validação externa. Garanto.

Cada dia sem essa ação, no entanto, significa mais tempo perdido, oportunidades desperdiçadas e sofrimento silencioso. Você vai continuar vendo as coisas fluírem na vida dos outros enquanto a sua continua estagnada, ecoando em sua mente uma frustração profunda. Lembro-me bem da sensação de estar sempre ficando para trás.

Detestava ler, era uma tortura. E isso me custava caro. Todo ano, a mesma história: recuperação, aulas extras, e minhas colegas já de férias. Depois, vieram as consequências maiores: entrei em uma faculdade que eu nem queria, enquanto elas prosperavam na vida profissional. E eu? Me esforçava, lutava, mas parecia que estava sempre um passo atrás. Como se fosse um vagão sendo puxado, sem controle sobre a minha própria trajetória. Depois de muito tempo, percebi a raiz do problema.

Uma cena, lá da quinta série, voltou à minha mente: uma brincadeira inocente entre amigos, risadas, e então o professor de História jogou as palavras no ar, diante de toda a turma: "Você não sabe ler. Precisa voltar para a alfabetização". Naquele dia, algo dentro de mim se quebrou. Nem percebi na época, mas o meu cérebro registrou essa frase como verdade. Comecei a acreditar que tinha dificuldades. Minha mente criou um bloqueio e, por anos, vivi dentro dessa programação.

Agora, pergunto a você: será que há algo que está travando a sua jornada, assim como no meu exemplo? O que aconteceu em seu passado que impede o seu futuro? A questão é que, enquanto não limpar essas marcas do passado, a sua mente continuará rodando no piloto automático. É muito comum ficarmos presos a um passado que nem desconfiamos existir ou de cuja existência até sabemos, mas à qual não damos a devida importância. E isso pode estar paralisando você, que até tenta avançar, mas algo invisível o segura.

E o que tudo isso causa? Um ciclo interminável de culpa e desânimo. Você sonha, mas não realiza. Faz planos, mas não executa. Acompanha o sucesso dos outros e sente que está sempre ficando para trás. Agora, e se, em vez de se condenar, você começasse a entender que existe uma saída? E se, em vez de se perguntar "por que eu sou assim?", você se perguntasse "como eu posso mudar isso?". Talvez a sua mente só precise de um novo caminho. De um olhar diferente. E este capítulo deve ser encarado como o primeiro passo para sair desse ciclo. Se eu consegui, você também consegue.

Para isso, é preciso deixar de colocar a culpa no outro. Já percebeu como fazemos isso muitas vezes? Como se tudo o que acontece na nossa vida fosse responsabilidade de algo ou alguém externo? Este é o primeiro grande bloqueio: o vitimismo. Ele nos paralisa, nos faz acreditar que somos apenas espectadores da nossa própria história. Mas não é só isso.

Existe um segundo grande problema: a comparação. Você já se sentiu comparado ou já se comparou com alguém? Isso acontece o tempo todo. Vivemos em uma cultura que coloca todos dentro de uma mesma caixinha. Desde cedo, aprendemos que há um jeito "certo" de ser: um padrão de inteligência, de comportamento e de sucesso. Quem foge desse padrão, muitas vezes, se sente inadequado. O problema? A comparação destrói a visão que se tem de si mesmo. Você olha para os outros e só enxerga as virtudes. Olha para si e só vê os defeitos. E isso impede você de viver o improvável.

Existe, entretanto, um terceiro grande obstáculo que precisa ser falado: a falta de fé. Primeiro, fé no "Cara" lá de cima. Depois, fé em você mesmo. Quando deixa que as circunstâncias da vida o arrastem, você perde o controle. Deixa de ser o protagonista da sua história. Então, se quer mudar de verdade, precisa tomar uma decisão: vai continuar sendo o vagão ou vai decidir ser a locomotiva? Espero que decida pela mudança.

Desse modo, vejo que a transformação começa quando, ao aceitar as dificuldades, passamos a agir apesar delas e a entender que errar faz parte do caminho. Ora, ninguém nasce pronto. Aprendemos errando, tentando, caindo e levantando. Mas, acima de tudo, aprendemos quando começamos a usar a nossa própria história como força para crescer.

Eu achava que a minha dificuldade com a leitura era um problema sem solução. Via as outras pessoas lendo rápido, entendendo tudo com facilidade, e eu me sentia presa, incapaz e insuficiente. Quando aceitei a dificuldade e decidi agir, tudo mudou. Então fiz um curso de leitura dinâmica. Não resolveu tudo de uma vez, mas foi um primeiro passo. Depois, busquei livros que realmente me cativassem. Adivinhe qual livro me prendeu? Harry Potter! Assim fui construindo a minha trajetória.

E você? Qual é a área da sua vida em que há um bloqueio o impedindo de avançar? A transformação acontece quando você entende que o erro não é o fim do caminho – é parte do processo. Imagine você dando pequenos passos, dia após dia, e percebendo que a mudança está acontecendo. Agora, me responda: qual será o seu primeiro passo? Sei que não é fácil. Não é fácil para ninguém. Era improvável que eu chegasse até aqui, mas cheguei. E sabe aquela pessoa que parece ter a vida perfeita, aquela que você admira ou até se compara? Nem mesmo para ela é fácil. A grama dela também não nasceu verde – ela foi cuidada. Por isso você precisa cuidar da própria grama.

Como? A partir de um plano. Pare de olhar para fora e comece a olhar para dentro. Comparar-se com os outros só o enfraquece. Em vez disso, analise a sua própria trajetória, entenda as suas dificuldades e tire as pedras que surgem no caminho. Mas não pare por aí. Já parou para pensar nas suas virtudes? E habilidades? No que você realmente faz bem? Provavelmente não. Então vamos mudar isso a partir de agora.

PARTE 1: PONTOS POSITIVOS E NEGATIVOS

Pegue uma folha e divida-a em duas colunas: de um lado, escreva as suas dificuldades. Para fazer isso, você pode pensar nas perguntas a seguir.

1. O que trava você?
2. Quais são os obstáculos que enxerga?

Do outro lado, escreva as suas habilidades a partir das perguntas que deixei a seguir.

1. O que você faz bem, mesmo sem perceber?
2. O que as pessoas já elogiaram em você?

DICA: não é necessário escrever tudo de uma vez. Esse é um exercício de autodescoberta, como descascar uma cebola, camada por camada. Deixe a folha em um local acessível, na mesa de trabalho ou de estudos, por exemplo, e todos os dias acrescente uma característica nova em cada lado. Agora que você já começou a enxergar o seu "eu" com mais clareza, vamos ao próximo passo.

PARTE 2: UMA NOVA HISTÓRIA

A vida inteira você ouviu frases e histórias que moldaram a forma como você se enxerga no mundo. E algumas delas podem estar o impedindo de crescer. Então feche os olhos e se pergunte:

1. Qual é a principal história que eu conto para mim mesmo que me trava?
2. Qual frase ouvi no passado e me marcou de modo negativo?

Por exemplo: quando o meu professor disse que eu não sabia ler e precisava voltar para a alfabetização, isso me marcou profundamente e passei anos acreditando que não era capaz de ler bem. Mas aqui está o ponto: sua história não é feita só de dor e limitações. Você também ouviu frases boas. Talvez, lá no fundo, alguém já tenha reconhecido um talento seu a que você nunca deu importância.

Então volte à folha e acrescente: de um lado, escreva a frase negativa ou história que o trava. Do outro, escreva um elogio ou algo positivo que alguém já disse para você.

PARTE 3: REPROGRAMAR

Agora vem a parte mais importante: reprogramar a mente. Pegue cada dificuldade e escreva ao lado dela uma maneira de superá-la. Se puder, use uma habilidade sua como solução. Pegue a frase negativa e neutralize-a com a positiva.

Por exemplo:
Dificuldade: "Eu nunca serei bom nisso".
Transformação: "Aprender leva tempo, e eu já melhorei muito mais do que antes".

Com isso, se deixe viver o improvável. Porque tudo o que prende você pode ser ressignificado. A escolha está em suas mãos: você continuará carregando histórias que o limitam ou reescreverá a sua própria narrativa?

No início do capítulo, contei sobre o meu amigo que sugeriu a divisão da cartolina em um momento de decisão, e foi essa mesma lógica que utilizei com a minha dificuldade na leitura, mas eu precisava adaptar a ferramenta, até porque eu tinha lembranças vivas de meus pais lendo para mim e para o meu irmão quando éramos pequenos e amava estar com os livros. Então, comecei a me perguntar: o que mudou? Quando isso aconteceu? Foi nesse momento que me lembrei da frase que ficou marcada em minha mente e que contei anteriormente. Como isso estava me bloqueando e eu precisava ressignificar a crença, transformei a metodologia. Apliquei a estratégia, listei as minhas forças e as minhas fraquezas, busquei corrigir a minha rota, entretanto sabia que ainda faltava algo.

Então deixei a mente viajar no tempo. Foi quando ouvi a minha mãe e o meu marido dizendo: "Você escreve muito bem". Bingo! Como alguém que não sabe ler pode escrever bem? Isso era totalmente improvável. Foi aí que percebi: a minha dificuldade não era a falta de capacidade, mas sim uma crença limitante. Comecei, portanto, a reconstruir a minha relação com a leitura, e o melhor, aprendi que mudar uma história começa por mudar o significado que damos a ela.

Acredite: o improvável não só pode acontecer. O improvável vai acontecer. E sabe de quem depende? Apenas de você. A frase "Você escreve muito bem!" me reprogramou, e em 2024 escrevi meu primeiro livro. Pergunto: era provável isso acontecer? Ora, nunca tinha passado pela minha cabeça ser escritora, e hoje escrevo novas linhas da minha história.

Com a minha jornada até aqui, aprendi que desistir nunca foi, e nunca será, uma opção. Se você tem um problema ou dificuldade que parece impossível, se vê pedras no caminho que o impedem de avançar, eu reforço: não desista, não pare! Você acha que estaria aqui, lendo a minha história, se eu tivesse desistido? Se o improvável aconteceu comigo, ele pode – e vai – acontecer com você. Mas, para isso, você precisa dar o primeiro passo.

Para quem não sabe para onde vai, qualquer caminho serve. Sinta essa frase, que faz parte de uma ideia de Lewis Caroll em *Alice no País das Maravilhas*,[1] e desperte para viver o seu improvável. Ora, você não está lendo este livro por acaso. A filosofia e a fé cristã mostram que não existe acaso – tudo tem um propósito. Então, pergunte-se: "Por que este livro está em minhas mãos? Qual é a mensagem que ele quer me trazer?". Esse é o caminho que você seguirá.

Lembro-me do que o mestre Geraldo Rufino nos disse no primeiro encontro para a construção deste livro: "Você precisa ser a locomotiva, e não o vagão". Isso me marcou muito, e essa é a mensagem que quero deixar com você. A locomotiva sabe para onde vai, puxa os vagões, abre caminhos, enfrenta obstáculos e segue até o destino. O vagão, por outro lado, apenas segue o fluxo, sem controle da jornada.

E você? Vai continuar "deixando a vida te levar" ou decidirá assumir o comando para onde vai? Aja agora. Seja a locomotiva da sua própria história.

KALLINE PONDOFE SANTANA *é formada em Serviço Social e Direito, se especializou em Psicopedagogia para ajudar no papel de mãe, e não parou mais. Hoje é master em Programação Neurolinguística, master coach, coach de performance familiar, coach de carreira e vocacional e especialista em Neurociência e Comportamento. Para ajudar o filho a escolher a profissão que queria, iniciou a primeira turma de Mentoria Vocacional. É escritora do livro Não, e Pronto! No mundo das drogas, só uma resposta te leva ao final feliz, e hoje atua como advogada, mentora vocacional e de gestão familiar. Tem Deus como guia, e os papéis de filha, esposa e mãe norteiam a vida profissional.*

@kallinepondofe

[1] CARROLL, L. **Alice**: Aventuras de Alice no País das Maravilhas e Através do espelho e o que Alice encontrou por lá. Rio de Janeiro: Clássicos Zahar, 2010.

KLEITON FRANCISCATTO
FOTO © CAMILLA CARNIEL FOTOGRAFIA

10
SEJA UM PROTAGONISTA CONSCIENTE

Como seres pensantes que somos, urgentemente devemos sair do protagonismo estático e fixo, que atrasa o alcance dos nossos sonhos e desejos. O mundo necessita de grandes homens e mulheres, de pessoas com a mente aberta para enfrentar os desafios do dia a dia. Não podemos ser reféns das nossas emoções e devemos agir intencionalmente para buscarmos o verdadeiro sentido da vida, ou seja, precisamos desenvolver o propósito que nascemos para ter. A cada novo dia que não cuidamos disso, estamos desperdiçando o tempo que temos, por isso precisamos sair da zona de conforto e agir na busca da nossa verdadeira essência como seres humanos.

E tudo isso é gerado na falta de autoconhecimento, que é o maior problema que vejo as pessoas enfrentarem no mundo atual. Elas vivem no piloto automático da vida e repetem todos os dias as mesmas coisas: acordam no mesmo horário, tomam café, comem os mesmos alimentos, fazem o mesmo trajeto para o trabalho, conversam com as mesmas pessoas, sobre os mesmos assuntos, e quando retornam para casa executam as mesmas tarefas. Vivem em um círculo vicioso de informação. Essa habitualidade diária gera uma programação mental que nem sequer é percebida e faz tudo entrar no piloto automático.

Esse é o protagonismo estático e fixo sobre o qual comentei anteriormente, o que gera dores emocionais e atrasa a vida. Para as dores, refiro-me às crenças e padrões mentais que limitam o crescimento pessoal e profissional, girando em torno da baixa autoestima, estresse, depressão, complexo de inferioridade, procrastinação de sonhos e desejos, cansaço físico e mental em virtude da produção excessiva de cortisol e muito mais. Se não bastasse, temos uma vida sedentária e desanimada. Não estimulamos o nosso corpo e a nossa mente a produzir novas sinapses neurais, ou seja, a fazer coisas diferentes do dia a dia, pois repetimos hábitos e padrões que ficam cada vez mais enraizados em nosso subconsciente.

A verdade, no entanto, é que atrás de uma dor emocional e de uma crença que nos limita há um benefício que nos dá prazer. É nesse prazer ou benefício que nos agarramos e enganamos a nós mesmos, com desculpas e vitimização por termos uma vida parada, pacata e sem nada de novo. O fato de procrastinar a realização de um sonho gera uma sensação de conforto, pois nos sentimos seguros momentaneamente. Infelizmente, esse conforto de segurança bloqueia a realização do sonho e ele pode nunca acontecer. Para sair da estagnação, é preciso ser intencional. Caso contrário, as dores vão permanecer e a vida continuará no piloto automático.

Por outro lado, vejo que as principais sensações de quem vive essa vida estática, fixa, sem vontade de transformar a própria mentalidade para um protagonista consciente, são o desânimo, a falta de motivação e o pessimismo. Além disso, ficam se comparando constantemente com outros, sentem-se inferiores, não conseguem evoluir dentro da própria família nem profissionalmente, pois não têm ambição de melhorar de vida e não se sentem merecedores de conquistas. E o custo de viver dessa forma é doloroso. Pode gerar efeitos na família, na criação dos filhos, nos relacionamentos conjugais, nos amigos que se afastam e até mesmo na jornada profissional, pois vivem uma vida trocando de emprego, ora sendo demitidos, ora estando insatisfeitos com o trabalho.

Tudo isso faz parte de milhares de pessoas no mundo afora, principalmente no Brasil, em que vivemos em uma cultura de nos compararmos com outros países e outras culturas e acharmos que somos inferiores aos demais, o que não deixa de ser uma crença oriunda dos nossos antepassados que precisa ser quebrada para que futuras gerações deem mais valor à nossa nação. Essa crença também atrasa o nosso desenvolvimento.

Falta intencionalidade, eu diria. Para se tornar protagonista consciente da própria história, é preciso o desejo ardente de mudança, porém tudo fica prejudicado quando demandamos muita energia mental e física com outras atividades supérfluas que não agregam absolutamente nada na vida, como o tempo desperdiçado nas redes sociais, círculo de amizades desinteressadas ou familiares que vivem de crenças mentais e têm uma vida estagnada, repetindo os mesmos erros e padrões dos antepassados. Tudo isso pode estar nos impedindo de buscar a transformação da mentalidade, pois a ambiência nos bloqueia para agir e trazer o desejo ardente de mudança. A epigenética estudada na Neurociência já demonstrou que o ambiente e o estilo de vida podem ser transmitidos de geração para geração, bem como fatores externos e comportamentais podem modificar a maneira como os nossos genes funcionam.[1]

A doutora em Ciências Biológicas Luciana Borin de Carvalho publicou um artigo científico no site da Universidade Estadual de Maringá explicando sobre a epigenética: "as mudanças epigenéticas são fortemente influenciadas pelo ambiente. Muitas alterações ambientais, como o ataque de patógenos, tipo de alimentação, estresse e o fumo, podem acarretar mudanças epigenéticas. Existem pesquisas mostrando que o modo de vida em si altera o funcionamento das células".[2]

Quero que você seja o protagonista da própria vida. Quero que escolha com consciência e transforme as suas histórias em conquistas. Vivemos em um mundo no qual as possibilidades são infinitas, e cada dia é uma nova oportunidade para nos tornarmos a melhor versão de nós mesmos.

Ser um protagonista consciente significa reconhecer que temos o poder de moldar as nossas ações e, com isso, o nosso futuro. Não é apenas fazer escolhas conscientes uma vez e esperar resultados. É a repetição diária dessas escolhas e hábitos que constrói a nossa história. Pergunte-se: "como posso ser

---

[1] MAUS hábitos ficam de herança, diz bióloga. **Notícias UEM.** Disponível em: https://noticias.uem.br/uemnamidia/index.php?option=com_content&view=article&id=5597:maus-habitos-ficam-de-heranca-diz-biologa&catid=13:o-dio-do-norte-do-paran&Itemid=2. Acesso em: 2 abr. 2025.

[2] *Idem ibidem.*

mais consciente nas minhas escolhas hoje?" e "quais pequenas ações posso incorporar para me aproximar do meu objetivo?". Muitos desejam mudanças significativas, mas falham em dar o primeiro passo consistente.

Assim, para que transforme a sua jornada, convido você a adotar um método que prioriza ações pequenas e consistentes que acumulam resultados ao longo do tempo. Em vez de esperar grandes revelações ou mudanças drásticas, concentre-se nos pequenos progressos. Esses momentos são os elementos que, unidos, formarão as suas conquistas.

São cinco pilares fundamentais:

1. **AUTOCONSCIÊNCIA:** é o primeiro passo para a transformação e envolve entender seus sentimentos, pensamentos e comportamentos. Ao se conhecer melhor, você pode identificar padrões que o impedem de avançar e reconhecer o que realmente lhe motiva. A prática da meditação, reflexões diárias e feedback de pessoas de confiança podem ajudá-lo a desenvolver essa consciência interna.

2. **INTENCIONALIDADE:** refere-se à capacidade de agir com propósito e clareza. Isso significa estabelecer metas claras e definir as ações necessárias para alcançá-las. Pergunte a si mesmo: "qual é o meu verdadeiro objetivo?" e "quais ações concretas estão alinhadas a esse objetivo?". Ao agir com intenção, você se afasta da inércia e começa a criar a sua própria narrativa.

3. **AUTORRESPONSABILIDADE:** esse pilar significa reconhecer que você é o único responsável por suas escolhas e seus resultados. Isso implica abandonar a mentalidade de vitimização e assumir o controle da sua vida. Ao aceitar a responsabilidade, você se empodera para fazer mudanças e buscar soluções ativamente. Essa abordagem promove um senso de urgência, permitindo que você se veja como um criador ativo de sua realidade.

4. **RESILIÊNCIA:** é a capacidade de enfrentar desafios e adversidades sem perder a direção. Todos enfrentamos obstáculos, mas a verdadeira transformação acontece quando você aprende a se levantar após uma queda. Cultivar uma mentalidade resiliente envolve aceitar as falhas como oportunidades de crescimento e manter a

determinação perante as dificuldades. Cada desafio resolvido faz você sair mais fortalecido.

5. **FÉ INABALÁVEL:** é a crença profunda em si mesmo e em seu potencial. Essa fé não precisa ser cega; é uma confiança fundamentada na conexão com seus valores e na certeza de que, apesar das incertezas, você possui os recursos internos necessários para prosperar. Cultivar a fé espiritual também envolve alimentar pensamentos positivos, visualizar o seu sucesso e se cercar de pessoas que apoiem a sua jornada.

Ao incorporar esses cinco princípios em sua vida, você não apenas se posiciona como o protagonista consciente da sua história, mas também constrói uma base sólida para enfrentar os desafios e celebrar as vitórias.

Como conteúdo complementar para potencializar os passos anteriores, não posso deixar de recomendar o meu livro *Do caos à consciência: reprogramando a mente para o sucesso pessoal*, lançado pela Editora Gente em 2025, e mais dois livros que marcaram muito a minha jornada. São eles: *Poder sem limites*, de Tony Robbins,[3] e *Quebrando o hábito de ser você mesmo*, de Joe Dispenza.[4] Esses livros não são apenas leituras, mas verdadeiros guias para quem busca se aprofundar no autoconhecimento e expandir as capacidades pessoais.

Entre todos esses passos, posso dizer que trabalho como advogado há vinte anos e sou especialista em Programação Neurolinguística. Mesmo com tudo isso, após ouvir dos clientes as dores deles e também viver as minhas, percebi que precisava sair da vida estagnada, sem ambição, com propósitos esquecidos, com falta de energia e com procrastinação dos sonhos. Quando decidi estudar Neurociência e fiz a formação em PNL, percebi que não poderia mais viver uma vida só para trabalhar e pagar contas. Decidi ser intencional no que estava fazendo.

Quando isso acontece, atrelado ao desejo ardente de mudança e aplicando os pilares do protagonismo consciente, começamos a reprogramar

---

3 ROBBINS, T. **Poder sem limites**: a nova ciência do sucesso pessoal. Rio de Janeiro: BestSeller, 2017.
4 DISPENZA, J. **Quebrando o hábito de ser você mesmo**: como reconstruir sua mente e criar um novo eu. Porto Alegre: Citadel, 2018.

a nossa mente com a habitualidade e a prática repetitiva dos pilares, bem como criamos novas sinapses neurais que mudam, moldam e adaptam a nossa mente para uma nova realidade. Entendendo esse processo, que a Neurociência chama de neuroplasticidade, ou seja, a capacidade de criarmos redes neuronais, começamos a potencializar nossos resultados incorporando na prática do dia a dia a autoconsciência (que é a qualidade dos pensamentos); intencionalidade (que é a capacidade de agir); autorresponsabilidade (pois você é o único responsável pelas suas ações); resiliência (pois de cada desafio resolvido saímos mais fortalecidos); e fé inabalável (que é a crença espiritual e pessoal profunda em si mesmo e em seu potencial).

A experiência foi transformadora. Entendi que todos os seres humanos enfrentam os próprios desafios e dores, e que eu não era o único. Tornar-se o protagonista de maneira consciente do que você quer da sua vida é digno e merecedor. Você é o seu próprio líder. "Você deve se bancar", como diz o Roberto Shinyashiki em palestras.

Assim, quero que perceba a força que esses passos têm. Colocá-los em prática é fundamental porque, sem ação, o conhecimento permanece apenas uma ideia. Imagine que você tem um mapa em mãos que indica como chegar a um destino incrível – mas, se não se levantar e começar a jornada, nunca chegará lá. Esses princípios não são apenas para serem lidos, mas para serem vividos. E a prática diária vai abrir portas para o autoconhecimento, permitindo que você reconheça e compreenda os efeitos que os seus pensamentos e atitudes têm sobre a sua vida. Ao integrar isso no dia a dia, você transformará a teoria em prática e, aí sim, começará a conquistar os sonhos e a enfrentar os desafios com força e perspectiva.

Minha orientação final é: dê um primeiro passo. O protagonismo consciente não exige grandes saltos de uma só vez; muitas vezes, são as pequenas ações consistentes que geram as maiores transformações. Reserve um tempo todos os dias para refletir sobre seus objetivos e as intenções por trás deles. Permita-se ser gentil consigo mesmo no processo, reconhecendo que cada erro é uma oportunidade de aprendizado. Tenha fé em suas próprias capacidades e lembre-se de que a mudança leva tempo, mas cada esforço conta. Acredite que você está no caminho certo e, a longo prazo, verá os resultados que tanto deseja. Lembre-se, você é o protagonista dessa história.

Os pilares do protagonismo consciente estão aqui para guiá-lo, e a cada passo dado você está se aproximando de uma versão mais forte e realizada de si mesmo. Se precisar de apoio ou inspiração, busque a comunidade ou as pessoas que acreditam em você. Você não está sozinho, e sua jornada é valiosa. Vamos juntos construir essa história de sucesso! Você tem em suas mãos a capacidade de transformar a sua vida por meio das escolhas que faz.

E lembre-se: desafios são oportunidades disfarçadas, feitas para fortalecer o seu caráter e ampliar a sua visão. Ao praticar a resiliência, você descobre a força que realmente possui. Com cada queda, você não apenas se levanta, mas também se torna mais sábio e mais forte.

Portanto, ao terminar este capítulo, fique com esta ideia: a vida não é apenas o que acontece com você, mas como você escolhe reagir a isso. Está na hora de assumir o papel de protagonista da sua história. Afaste-se da reatividade e comece a orquestrar uma vida repleta de significado e propósito. Inspire-se a ser o escritor da sua narrativa, guiado pela intencionalidade e pelo autoconhecimento. Sorria para os mistérios do futuro e saiba que você é capaz de enfrentá-los com coragem e fé.

O verdadeiro poder está dentro de você, esperando apenas pelo seu "sim" para ser liberado. Então, vá em frente! Essa história está apenas começando, e o melhor de tudo é que você tem a caneta. Escreva a sua obra-prima!

KLEITON FRANCISCATTO *é advogado e sócio fundador do escritório jurídico Franciscatto & Advogados Associados, no Paraná e em Santa Catarina. É empreendedor e investidor em imóveis no litoral de Santa Catarina, especialista em Programação Neurolinguística e practitioner em PNL, autor da Editora Gente com o livro Do caos à consciência: reprogramando a mente para o sucesso pessoal, palestrante de desenvolvimento pessoal e autoperformance.*

@kleiton.franciscatto   Kleiton Franciscatto   @KleitonfranciscattoPNL

UBIRAJARA FERREIRA
FOTO © ACERVO PESSOAL

11
PARA CRESCER É PRECISO SAIR DO LUGAR

Você sente que tem andado desanimado em sua vida profissional? Que falta perspectiva, uma meta de crescimento ou algo que o leve ao próximo patamar? Essa é a maneira como eu vejo a maior parte das pessoas em relação à própria jornada de trabalho. Elas não têm esperança em crescer, se tornar alguém e ser respeitadas por meio daquilo que realizam. A maioria compreende o trabalho como uma fonte de receita cujo objetivo é cobrir as despesas pessoais e familiares. Raras são as pessoas que têm esperança de se tornarem ricas, felizes ou conquistarem a realização pessoal por meio das atividades feitas atualmente. E parte da responsabilidade para que isso esteja acontecendo, ouso dizer, está nas escolas, universidades, empresas, órgãos governamentais e nas instituições existentes no país. A outra parte, como você pode imaginar, está no indivíduo, em mim e em você.

Neste capítulo, quero fazer você olhar para dentro, perceber-se como protagonista e acreditar em si mesmo. Quero mostrar que é possível reconhecer que o trabalho foi o elemento transformador por excelência, que propiciou o desenvolvimento da humanidade ao longo da história, e que o que você faz importa: seja varrendo as ruas em uma cidadezinha no interior do país, presidindo uma multinacional de TI no Vale do Silício ou dirigindo um Uber em

São Paulo. Logo, você não pode se dar ao luxo de trabalhar a esmo, precisa ser intencional. Quanto mais cedo perceber e for orientado para levantar os olhos e compreender para onde o seu trabalho o está levando, mais rápido irá tomar a rédea da sua história, tornando-se protagonista no mundo do trabalho.

Quando subi no velho ônibus Moreira, deixando, aos 17 anos, oito irmãos e os meus pais no interior, sabia que reduzir um lugar à mesa iria auxiliar de alguma forma. Desde cedo quis ser alguém, porém os meus sonhos juvenis embaçavam a mente; eu desconhecia o que poderia ocorrer nos próximos meses e, pior ainda, quais desafios enfrentaria em uma longa jornada que me traria de volta 35 anos depois.

Assim como eu saí de casa muito cedo, vejo que inúmeras pessoas também o fazem, seja por obrigação ou por necessidade. Começam a trabalhar e entram em um processo de apenas fazer, sem olhar o que está sendo feito. De um lado, não conseguem perceber o que está acontecendo; do outro, o patrão não realça a transformação que o trabalho produz, o propósito por detrás das atividades e dos resultados, a razão que justifica buscar a perenidade do negócio. Significa que ele não tem uma visão de longo prazo para dar clareza quanto à missão do negócio, levando quem trabalha a viver desconectado daquilo que importa, por desconhecer esse propósito. A pesquisa *State of the Global Workplace*, realizada pela Gallup em 2024, em 160 países, com participação de 128 mil funcionários, apontou que 46% dos brasileiros encontram-se estressados, 25% tristes e 18% com raiva.[1] Ou seja, o trabalho realizado, aquele que transforma o mundo para melhor e que pode trazer satisfação e felicidade, não está presente na vida dessas pessoas.

Então como trazer motivação, esperança, desejo de crescer, ser alguém bem-sucedido e feliz no trabalho? A produtividade e o resultado esperado em qualquer negócio passam pelas mãos de gente engajada, comprometida e protagonista no que faz. Sei que nesse sentido pode estar faltando acolhimento, alguém que pegue a sua mão e o conduza, que ensine os primeiros passos. É possível que falte alguém que reconheça e premie os avanços no

---

[1] BRASIL fica em 4º em ranking dos trabalhadores que mais sentem raiva e tristeza. **Veja**, 23 set. 2024. Disponível em: https://veja.abril.com.br/mundo/brasil-fica-em-4o-em-ranking-dos-trabalhadores-que-mais-sentem-raiva-e-tristeza. Acesso em: 18 mar. 2025.

aprendizado, as conquistas nos resultados. Para isso os líderes existem. Antes, é preciso ter terreno fértil para explorar o seu talento e a sua criatividade, para lhe permitir desabrochar e brilhar nos palcos do mundo do trabalho.

Assim, entre todos esses pontos, é comum nos sentirmos frustrados e desanimados, sem perspectiva de crescimento. Daí trabalhamos por obrigação, "para cumprir tabela" e merecer o salário do mês, o bônus do semestre. Não há espaço para inovação, criatividade e exploração de novas possibilidades.

Por um lado, percebo que as pessoas têm essa dificuldade porque nem todas estão preparadas psicológica, técnica e comercialmente para o nível de exigência do mercado, sejam funcionários, profissionais liberais ou empreendedores. E nem todas as empresas têm um acolhimento ou programa de capacitação adequado, que valorize a pessoa para se tornar a melhor profissional. O núcleo familiar, as escolas e universidades e o próprio indivíduo não entregam a melhor formação, que auxilia a obtenção de melhores resultados.

Nem todos são autodidatas ou têm forte iniciativa para a busca do conhecimento, a disciplina e a cultura do resultado, e por isso não conseguem aprender e se desenvolver sozinhos. É necessário olhar para si mesmo, se autoavaliar, traçar um caminho pessoal para o crescimento. Ou buscar ajuda externa. De fato, é preciso se colocar em movimento.

Saiba, também, que é transformador o momento em que as pessoas percebem que nas dificuldades enfrentadas diariamente estão as melhores oportunidades.

Olhando para trás, aquele rapaz inseguro que em uma manhã chuvosa colocava a mudança, que era uma mala de couro e alguns pertences, no bagageiro do velho ônibus Moreira, hoje compreende que a dedicação e os esforços que permitiram inúmeras conquistas no mundo do trabalho tiveram origem em uma única decisão: sair do lugar. Não foi fácil deixar uma pequena cidade do interior de Goiás para buscar o sonho de ir para a cidade grande, crescer profissionalmente e me realizar por meio do trabalho. Mas o êxito não cai do céu. Foi preciso ser intencional.

Assim, quanto mais cedo você traçar um plano de crescimento, fixar objetivos e metas, prazos para execução, ter disciplina e resiliência para chegar lá, mais rápido o resultado virá.

O milagre da transformação tem início quando, com humildade, você reconhece as limitações e coloca em frente o genuíno desejo de aprender e fazer melhor.

É importante observarmos que para tudo na vida há um jeito melhor de se fazer, buscando com menor esforço obter o maior resultado, o que nem sempre é conhecido ou praticado por todos – e aqui não me refiro ao famoso "jeitinho brasileiro", mas sim a uma forma de agir, um jeito de fazer que implique realizar o menor esforço e, se possível, com menor tempo, para conquistar o melhor resultado no mundo do trabalho e na vida.

Por que nem todos atingem o topo na empresa? Ou, ainda, como pessoas comuns conquistam resultados extraordinários e persistentes? Primeiro, é necessário ter vontade genuína e desejo profundo, mas para conquistar resultados extraordinários e consistentes só mesmo utilizando um bom método.

Na Antiguidade, Arquimedes já dizia "dê-me um ponto de apoio e uma alavanca que moverei o mundo",[2] o que ilustra perfeitamente o poder de um método eficaz – a capacidade de provocar alavancagem, que aprendi no desenrolar da carreira bancária.

Esse método, forjado ao longo de 35 anos de carreira no setor financeiro, me permitiu ir do cargo de escriturário ao de gerente em quinze anos, uma raridade à época; depois, para gerente regional por mais de dez anos, com sucesso, em uma das maiores instituições financeiras do país, liderando equipes diversas e competitivas de mais de 10 mil pessoas, nos campos institucional, administrativo, comercial, bancário, segurador e previdenciário. O método R-I-R é alicerçado em três pilares e cada um possui três degraus que guiam o processo de melhoria contínua e excelência na gestão de pessoas e processos, atendimento, prestação de serviços e venda de produtos. A aplicação excede ao sistema financeiro e se estende aos mais diversos segmentos empresariais com foco no desenvolvimento integral da pessoa e do profissional no ambiente do trabalho.

Assim, você, leitor, esteja onde estiver, exerça o cargo que exercer, seja na posição de líder ou liderado, empreendedor, diretor ou presidente de empresa em uma metrópole, pode conhecer e empregar o pilar reconhecer (R) para alicerçar

---

[2] USO das proporções na teoria de alavancas. **Mundo Educação**. Disponível em: https://mundoeducacao.uol.com.br/matematica/uso-das-proporcoes-na-teoria-alavancas.htm. Acesso em: 18 mar. 2025.

o básico, para o início da conversa. Obter melhores resultados exige inicialmente "reconhecer o gramado" antes do jogo, utilizando o jargão do mundo do futebol; o pilar "R" compreende reconhecer o palco, os astros e os enredos. Depois, aplicar o pilar "I" de incentivar, para mover as pessoas, por meio dos degraus motivação, comunicação e ação. E finalmente o pilar "R" para obter resultados, propósito e legado. Cada degrau do método permite a otimização do tempo e a alavancagem do potencial de cada um para, por meio do trabalho, obter os resultados esperados, se realizar profissionalmente e transformar o mundo ao seu redor.

Quero, na prática, demonstrar como o emprego do método R-I-R me permitiu verticalizar a carreira para, quem sabe, servir de inspiração e possibilitar a utilização na atividade que você exerce atualmente, visando obter igual ou melhor performance.

Após sete anos de bons resultados como gerente em duas agências bancárias em Salvador, na Bahia, fui designado gerente regional para morar em Porto Velho e realizar a gestão nos estados de Rondônia, Acre, parte de Mato Grosso e parte do Amazonas, justamente as praças de difícil acesso, aonde somente se chega de avião ou voadeira, que é uma pequena embarcação. Era uma regional complexa pela logística e diversidade por reunir pessoas dos mais diferentes lugares, vindas de todas as regiões do Brasil, especialmente do Sul. A rede compreendia 22 agências, seis postos de atendimento (PAs) e duas unidades prime (de alta renda), 325 funcionários e R$ 600 milhões em ativos.

Como era a minha primeira gestão na função de gerente regional, a providência primeira foi reconhecer o "palco", levantar todas as informações e perspectivas de curto, médio e longo prazo (até cinco anos) para a região, bem como as características, as limitações e as potencialidades de ordem econômica, social e ambiental. Reconheci também os "astros" do palco, ou seja, quais pessoas estavam ali, os perfis, aspirações, maiores dificuldades e expectativas dos atuais e novos funcionários a contratar; vi também os "enredos", o que cada um fazia e o que consideravam melhor fazer. Ouvi sobre quais ações desejavam implementar, antes de apresentarmos os nossos planos de ação e estratégias arrojadas para nortear o ciclo de expansão que desejávamos impor em face do mercado aquecido na oportunidade. No quarto ano, ao final da gestão, deixei a regional com 53 agências, 66 PAs, oito unidades prime, duas unidades empresas, setecentos funcionários e R$ 2,8 bilhões em ativos.

Este é o poder do Método R-I-R: reconhecer na profundidade, para extrair o melhor das pessoas, utilizando o palco que ocupam; depois, incentivar e orientar para obter os resultados desejados; e as reconhecer por isso, criando um ciclo de contínuo desenvolvimento pessoal e profissional. Por fim, realizar compreende demonstrar os resultados, a distribuição do valor agregado (DVA) mostrando a quem se destina os recursos e mostrar os novos objetivos, os novos caminhos, os novos sonhos.

Mas não basta pura e simplesmente aplicar o método. É preciso inovar e se desenvolver a fim de se manter atualizado e corresponder às demandas e expectativas do seu tempo. Para tanto, inspire-se na pesquisa e no conhecimento relacionado à sua atividade atual, a fim de compreender para onde ela se encaminha no futuro e você ser protagonista, um guia, nesse caminho.

Como bônus, deixo a ideia de que a minha primeira e maior inspiração sempre foi a divina. Deus foi a companhia de **todas** as horas. Nunca comecei ou terminei um dia sem pedir perdão, agradecer e me colocar à disposição para realizar a obra que fosse do agrado dEle. Para mim, funcionou bem, e com certeza para você também não falhará. Você crê? Ore e trabalhe, que dá!

Além disso, deixo uma orientação essencial: leia algo novo todos os dias. A sede pelo conhecimento levará você muito além do que pode imaginar! Alguns livros que me ajudaram a crescer: *Como fazer amigos e influenciar pessoas*, de Dale Carnegie;[3] *As conexões ocultas*, de Fritjof Capra;[4] e *O valor do amanhã*, de Eduardo Gianetti.[5]

Lembre-se de que nada é tão bom que não possa ser melhorado, e o valioso tempo de vida que temos não merece ser jogado fora, portanto importa que façamos bem-feito, entreguemos o nosso melhor. Engajar-se, comprometer-se em uma missão exige maior esforço, mas é semente de bons frutos, que produz melhores resultados e transforma a realidade, molda o futuro, melhora o mundo.

Um dia você olhará para trás, como eu faço agora. Que fotografia gostará de ver no retrovisor da sua vida? Uma escura, triste, de insucesso e fracasso, somada ao tempo perdido? Ou uma fotografia brilhante, recheada de vitórias

---

[3] CARNEGIE, D. **Como fazer amigos e influenciar pessoas**. Rio de Janeiro: Sextante, 2019.
[4] CAPRA, F. **As conexões ocultas**: ciência para uma vida sustentável. São Paulo: Cultrix, 2005.
[5] GIANNETTI, E. **O valor do amanhã**. São Paulo: Companhia das Letras, 2012.

e sucesso, que tenha feito a luta ao longo do tempo valer a pena? Sonhe grande, aja rápido e agora, com o que tiver, onde estiver, e vá fazendo com ou sem medo! As conquistas do futuro dependem de uma decisão que é tomada hoje. Só os que decidem fazer, ainda que errem no caminho, colecionam boas histórias para contar. Acredite em você, no seu Deus. Pessoas menos preparadas que você conseguiram. Você também conseguirá.

Como você já sabe, saí da pequena Santa Terezinha de Goiás aos 17 anos e era um jovem sonhador. O que você ainda não sabe é que desde menino eu lia de tudo, escrevia poesias, queria ganhar o mundo, construir uma família e vencer na vida. Porém, não tinha noção de onde iria chegar, quais ferramentas utilizaria. Tudo foi sendo revelado e construído ao longo da jornada. A cada decisão, por menor que fosse, uma nova janela de oportunidades se abria e me colocava de novo em movimento, quando trabalhei por quase todo o país. E o que vejo no retrovisor? Uma linda e dedicada esposa, três filhos maravilhosos, genro, noras e uma netinha que preenche todos os sonhos de qualquer avô. Isso tudo envolveu muita oração, com joelho no chão, é claro, assim como, às vezes, uma mente saindo fumaça, frustrações e perdas como empregado, como empregador e como empresário. Mas sempre houve ousadia para sair do lugar, com uma esperança permanente de que o melhor dia estava sob os meus pés, sendo trilhado e vivido. Então, se aquele rapaz de origem humilde, estudante de escola pública do interior, que se lançou ao mundo sozinho conseguiu, venceu e foi feliz, você também irá conseguir!

Agora, neste momento, me reinvento e trilho um novo caminho, dirigindo-me a você por estas páginas, cheio de ânimo e esperança. Ponha-se em movimento também, pise fundo e, onde estiver, assuma o protagonismo da sua história.

UBIRAJARA FERREIRA *é advogado, consultor empresarial e palestrante, com mais de 35 anos de trajetória no sistema financeiro nacional, tendo atuado em estados e regiões estratégicas do Brasil. Mestre em Desenvolvimento e Planejamento Territorial pela PUC Goiás, tem MBA em Gestão Empresarial e MBA em Banking pela Fundação Getulio Vargas (FGV). Autor dos livros Dinâmica populacional e desenvolvimento no norte goiano (Kelps, 2020); O poder do trabalho: como encaixar Deus na rotina e Café com o rei (Amazon, 2025).*

Ubirajara Ferreira
Ubirajara Ferreira @ubirajaraferreirathb

ALBERTO NAIRO AGUIAR FROTA JUNIOR

FOTO © BIANCA RUSSON

12
EMPREENDER É PARA VOCÊ?

Muita gente pensa e até deseja sair de um emprego CLT e abrir o próprio negócio. Mas as incertezas e o medo de não dar certo produzem um estado de paralisia que muitas vezes leva a pessoa a evitar dar os passos necessários.

Estão incomodadas com a própria situação profissional, com o avanço da idade e com o nível de competitividade que existe no mundo corporativo. Estão sempre pensando que, embora tenham uma boa formação secular e muitos anos de experiência, a empregabilidade não é garantida. Sabem que poderiam estar dedicando o mesmo esforço (ou ainda maior) para construir o caminho e iniciar o próprio negócio. Não é por acaso, afinal a escola tradicional não nos prepara para sermos independentes, para empreender, mas para sermos empregados eficientes.

Se você se identificou com alguma dessas situações, este capítulo vai ajudá-lo a fazer uma autoanálise e um diagnóstico do que está impedindo essa ideia de sair da cabeça, passar pelo papel e tomar forma, libertando o potencial empreendedor que você tem. "Ah, mas eu tenho medo de perder o meu emprego e tenho um salário interessante", você pode estar pensando. Realmente, esses fatores são importantes, mas não ignore o fato de que um clima corporativo muitas vezes tóxico pode estar afetando a sua saúde enquanto permanece preso a uma carreira corporativa que não o satisfaz completamente, gerando ansiedade e frustração.

Talvez você seja um empreendedor de sucesso que só está desperdiçando tempo ao trabalhar para organizações que não o valorizam o suficiente ou que vão dispensá-lo a qualquer momento por algum motivo bobo. Você com certeza possui muitas qualidades e habilidades para começar um negócio, mas pode estar hesitando entre a zona de conforto e a zona do medo. Enquanto o tempo passa, você está cada vez mais preso à "corrida dos ratos", um círculo vicioso que não o deixa sair do lugar. Se for gestor, talvez a sua evolução já tenha produzido as habilidades necessárias para que você vire a chave do empreendedorismo.

Então será que empreender é para você? Será que não? Como descobrir? Essas dúvidas têm origem em coisas totalmente opostas: nas muitas perguntas que você não faz e na certeza que o faz pensar que tem que estar 100% preparado. Mas aqui vai uma dica de milhões: ninguém está e você definitivamente **não** precisa estar 100% preparado para começar a empreender. Já ouviu aquela frase que diz "comece antes de estar pronto"? É verdadeira, fato, mas é preciso ser prudente. Não estar 100% pronto não significa que pode negligenciar coisas simples que envolvam a razão de existir do seu negócio. Você vai precisar identificar as lacunas de habilidades técnicas e de gestão se quiser construir um negócio forte.

Há outra máxima que diz que "o que mata é a dúvida", então muitos se perguntam: "será que vou ter capital suficiente?", "detesto a área financeira, como é que vou tocar o negócio?", "não sei vender, o que eu faço?", "devo buscar um sócio?", "como funciona esse mercado em que quero entrar?", "o que preciso de fato para começar?", "esse negócio que quero abrir é lucrativo?", "quanto vou ter que vender pra cobrir os custos?". Essas são apenas algumas questões que devem estar passando pela sua cabeça, mas fique calmo! Se você organizar as ideias e começar a escrever todas as dúvidas e medos, vai começar a dar os primeiros passos para vencer o medo e a hesitação.

Já ouviu falar que a solução nunca está muito longe do problema? Pois é! Essa é outra verdade que vai ajudar você todas as vezes que encontrar um obstáculo. Se preocupe primeiro em entender os "porquês" e só depois os "como". Já reparou que é assim que as crianças descobrem o mundo? Logo que aprendem a falar, elas perguntam incontáveis vezes "por quê", até que estejam satisfeitas com a resposta. Sejamos inocentes como as crianças, pois elas não têm medo de fazer perguntas.

Se nunca empreendeu, já empreendeu e quebrou ou está empreendendo com dificuldade, este capítulo é para você. É normal ficar ansioso ao se comparar com os "superempreendedores de sucesso das redes sociais". Não cometa esse erro. A maioria deles tem muita alegria, mas pouco samba no pé. Quando se está começando um negócio, o empreendedor é o principal gestor, é o "faz-tudo", e a maioria das atividades operacionais e de gestão é centralizada nele. Lembre-se: você não vai ser **bom** em todos esses papéis. O seu desafio é entender o que se espera de cada função ou atividade e se esforçar para entregar o seu melhor. À medida que o negócio prospera, você pode buscar as pessoas certas para essas funções. Como somos humanos, tendemos a fazer mais as coisas do que gostamos, então tenha cuidado. Como gestor e empreendedor, você terá que lidar com a rotina e tarefas que considera chatas ou desinteressantes. Isso é normal!

Quero, então, mostrar a solução para todas essas dúvidas e fazer você se dar conta de que o problema nem era tão grande assim. Talvez você esteja vendo os obstáculos que o impedem de ter seu próprio negócio com uma lente distorcida. Na prática, como gestor e dono de um negócio, você deveria dominar uma combinação razoável de habilidades técnicas e de gestão. E, para entender o que está envolvido nisso, é preciso exercitar o autoconhecimento. Conhecer bem a si mesmo é o princípio. Você pode começar por buscar entender as suas forças e fraquezas do ponto de vista do gestor e dono do negócio, estudar e conhecer bem o mercado em que quer atuar, pesquisar e estudar as forças e fraquezas dos seus concorrentes e, em seguida, começar a preencher os espaços vazios. Busque o propósito, que é a razão de existir da sua empresa. Uma vez que tenha isso absolutamente claro, poderá começar a esboçar um "plano de negócios".

Nesse estágio, você é um "empresário em construção" e, como tal, será desafiado a mostrar dois tipos de habilidades: técnicas e comportamentais (ou de gestão). São elas:

- **HABILIDADES TÉCNICAS:** planejamento, produção, finanças, recursos humanos, vendas e marketing.
- **HABILIDADES COMPORTAMENTAIS:** persuasão, persistência, iniciativa, busca de oportunidades, correr riscos calculados, planejamento e monitoramento sistemático, independência, autoconfiança, exigência de qualidade e eficiência.

Se a sua determinação em ter o próprio negócio chegar ao ponto de escrutínio de cada uma dessas habilidades, à luz do que a empresa vai demandar, terá conseguido destravar todo o seu potencial empreendedor. E como fazer isso na prática? É preciso montar o plano de negócios.

PLANO DE NEGÓCIOS

Existem modelos na internet que você pode usar como guia, mas quem deve entrar com todas as informações é você. Vai demorar e vai exigir detalhes que poderiam passar despercebidos, mas que são imprescindíveis para o plano de negócios. O grau de dificuldade que você vai encontrar é um indicador das habilidades que precisará desenvolver. E resista à tentação de menosprezar qualquer aspecto do plano de negócios.

Para saber se está consistente o suficiente, experimente apresentá-lo a um investidor ou a um banco. Você até pode ter o capital necessário para abrir a empresa, mas o feedback de um investidor vai valer anos de experiência e apontar fragilidades importantes que talvez tenham passado despercebidas. Não tenha receio de testar a sua ideia. Faça pesquisas, entreviste pessoas que trabalham no segmento e busque informações de quem está no mercado há mais tempo. Vale até mesmo falar com futuros concorrentes. Faça o papel de cliente oculto, identifique o que realmente tem valor para o seu prospectivo cliente.

E tenha cuidado com o "pensar fora da caixa". Comece pensando "dentro da caixa", ou seja, faça o que tem que ser feito (que é a promessa de entrega), melhore os processos, seja mais eficiente, ofereça mais daquilo que é valor para o seu cliente e veja o resultado de melhorar um pouquinho todos os dias. Tem muitas pessoas achando que pensar fora da caixa é o caminho e esquecem de fazer o "feijão com arroz", ou seja, o simples bem-feito!

EU FIZ A MINHA ESCOLHA, E VOCÊ?

Antes de empreender, eu trabalhei em grandes empresas e escalei a carreira corporativa até posições de diretoria. Eu corri a "corrida dos ratos" até o momento em que decidi que não queria mais fazer parte do teatro corporativo e ter que vivenciar as vaidades e a politicagem sem fim, implícitas ou não. Foi então que mudei de São Paulo para o interior com a firme decisão de empreender.

Nesse novo ambiente, aos 47 anos, troquei o modelo de trabalho tradicional pelo CNPJ. Hoje, já se passaram onze anos empreendendo em algo que acredito e apoio: energia solar e os ecossistemas dela. Pratico o exercício de autoconhecimento todos os dias. Há coisas que fazem parte do meu papel de gestor e que detesto, mas tenho que fazer. E há coisas que amo fazer e faço sem ver o tempo passar.

É assim, somos humanos vulneráveis, mas tenho absoluta consciência de que somos 100% responsáveis pelo resultado das decisões que tomamos. Não sou um robô alimentado por inteligência artificial, que consegue fazer várias tarefas ao mesmo tempo com elevado grau de eficiência. Como empresário, costumo falar que sou teimoso e otimista, e sei que falar que sou teimoso pode parecer algo negativo, mas tente visualizar como algo que insisto até que consiga fazer dar certo. E sou otimista porque isso me ajuda a enfrentar os desafios que a vida me apresenta. Aprendi que o medo é apenas um indicativo apontando para onde preciso me desenvolver. E isso tem um poder enorme.

Para finalizar, deixo algumas recomendações de leitura que me ajudaram durante essa jornada: *Adams óbvio*, de Robert Updegraff,[1] que me mostrou a simplicidade de buscar enxergar o óbvio em todas as situações para manter o foco e resolver problemas; *A coragem de ser imperfeito*, de Brené Brown,[2] que reforçou em mim a convicção de que somos humanos, vulneráveis e que devo manter minha essência de bem-humorado e brincalhão mesmo que esse comportamento feche algumas portas para

---

1 UPDEGRAFF, R. **Adams óbvio**: como obter sucesso incomum na vida profissional. São Paulo: Faro Editorial, 2015.
2 BROWN, B. **A coragem de ser imperfeito**: como aceitar a própria vulnerabilidade, vencer a vergonha e ousar ser quem você é. Rio de Janeiro: Sextante, 2013.

minha carreira de palestrante, escritor e professor; e, por fim, *A arte da guerra*, de Sun Tzu,[3] um manual de estratégia e liderança com um profundo foco em autoconhecimento.

Se leu até aqui, percebeu que é possível destravar seu potencial empreendedor. Não ter todas as habilidades para ser um bom gestor agora não impede você de desenvolver novas habilidades e fortalecer as que já tem.

A partir de hoje você não está mais na zona de conforto, está atravessando a zona do medo, avançando para a zona do aprendizado. Depois dela, encontrará a zona do crescimento, mas para chegar lá não existem atalhos. O interessante dessa ideia é que, quando chega na zona do crescimento e permanece lá muito tempo achando que chegou ao final, você acaba voltando para a zona de conforto. E o ciclo volta a se repetir.

Seja humilde para fazer perguntas e aprender, assim como suficientemente bondoso para não se cobrar mais do que o necessário. O equilíbrio e a razoabilidade são características de gestores fortes.

E se ainda não começou a empreender, dê o primeiro passo hoje. Visualize você daqui a dez anos. Quais lembranças terá desse momento em que está lendo um livro chamado *Os improváveis: como empreender com resiliência e conquistar o impossível*?

Somos pessoas em constante transformação, e alguns limites existem apenas na nossa cabeça, então cabe a nós redesenhá-los e empurrá-los um tanto mais para a frente.

Empreender é uma experiência fantástica que recomendo para todos que têm uma ideia, um propósito honroso e um objetivo maior de servir. E viver é a nossa maior dádiva, então escolher como a viveremos é um privilégio!

Eu escolhi empreender... e você?

---

3 TZU, S. **A arte da guerra**: um clássico sobre estratégia e liderança. São Paulo: Gente, 2021. E-book.

ALBERTO NAIRO AGUIAR FROTA JUNIOR, autodenominado "incorrigível otimista", é um cearense bem-humorado que conheceu o ofício de vender aos 14 anos. Foi moldado a fogo no chão de fábrica, em que aprendeu "as manhas" desde cedo. Transitou pelas áreas de materiais, operações e logística, mas firmou o pé na área comercial. É executivo experiente com mais de trinta anos de vida corporativa, os últimos em empresas de tecnologia como Epson, Lexmark, Samsung, AOC e Lenovo. Em 2014, deixou a carreira executiva para trás, mudou-se para o interior de São Paulo e foi empreender. Fundou a Plug Solar Energia e é um dos pioneiros do segmento.

@albertonairo

VANESSA SENS
FOTO © FERNANDA FARIAS

13
PREVIDÊNCIA COM PROPÓSITO: É POSSÍVEL PLANEJAR O IMPROVÁVEL

Eu sei exatamente o que você está sentindo agora. Talvez já tenha tentado buscar um benefício junto ao INSS (Instituto Nacional do Seguro Social) ou conheça alguém próximo que passou por isso – e a sensação foi de frustração, de não saber por onde começar, de enfrentar uma muralha de burocracia e, o pior, perceber que ninguém parece disposto a ajudar e ouvir você de verdade.

Sei também que o maior problema não está só nos formulários, nas filas intermináveis ou nas negativas automáticas de benefícios. Não faltam normas, regras e manuais; mas faltam explicações claras, orientações diretas ou alguém que traduza essa linguagem difícil e diga "Calma, tem jeito". E, infelizmente, enquanto a informação não chega da forma adequada, milhares de pessoas erram no pedido, recebem respostas negativas ou esperam anos por algo que já é delas por direito.

Vejo diariamente gente que construiu uma vida inteira trabalhando duro e, na hora de buscar o reconhecimento devido, é deixada à margem, no vale do esquecimento. Isso não afeta somente o bolso, mas sobretudo a autoestima, a dignidade e as relações familiares. Filhos e netos não acreditam no Sistema, idosos carregam a culpa e o peso de acharem que "deveriam ter feito mais" – quando, na verdade, o que faltou foi o Sistema fazer a parte dele: informar.

Recebo histórias assim quase todos os dias. Gente que só descobriu, depois de muito tempo, que poderia ter se aposentado antes ou com um valor melhor. Pessoas que só foram entender os próprios direitos depois de muita dor e frustração. Eu sempre penso em como teria sido diferente se essas pessoas tivessem acesso às informações certas no momento certo...

Se você está lendo isto e se identificando, quero que saiba que eu entendo sua dor. Neste capítulo, vou compartilhar com você minha experiência e, principalmente, a confiança de que é possível virar esse jogo.

O problema é urgente. Estamos falando de comida na mesa, de remédio comprado na farmácia, de uma aposentadoria que não é luxo – é direito. A urgência está no desespero silencioso de quem ouve a frase "Seu benefício foi negado" e não sabe o que fazer, como recorrer ou a quem pedir ajuda. Mas não se culpe. Este texto é, antes de tudo, um abraço e um convite: há caminhos, há soluções. Você só precisa conhecer o terreno em que está pisando. E eu estou aqui para caminhar ao seu lado.

Este capítulo é para você, que se sente assim, que talvez até tenha vergonha de admitir que não sabe por onde começar. A culpa não é sua. Na maioria das vezes, o problema não foi causado por falta de esforço, e sim por falta de orientação.

Culturalmente, o tema previdenciário só vira prioridade quando a necessidade aperta. As pessoas passam a vida inteira contribuindo, mas sem olhar de perto, sem planejar, sem entender quais são os direitos e quais cuidados devem tomar. Deixam para pensar só quando já estão em um momento de fragilidade, seja pela idade, seja pela saúde. Nesse ponto, a falta de informação vira um obstáculo ainda maior de superar.

Existe uma frase de uma profissional ícone na área previdenciária, professora Adriane Bramante, que define muito bem todo esse processo: "Um benefício concedido é uma família protegida".

SE EU PUDESSE DAR UM CONSELHO HOJE, SERIA...

Em abril de 1995, meu pai foi demitido de uma multinacional e permaneceu desempregado por um ano. Em fevereiro de 1996, enfrentou um problema cardíaco grave. Durante aquele período, residíamos na casa de minha avó materna, garantindo a sobrevivência da nossa família.

Naquela época, eu já cursava Direito, mas a área de previdência não era amplamente explorada e faltavam informações. Por desconhecimento, não sabia que meu pai, mesmo desempregado e sem pagar INSS, tinha direito a um benefício previdenciário devido ao estado de incapacidade dele para o trabalho. Anos mais tarde, quando ingressei no mercado jurídico, descobri que meu pai tinha os requisitos para ter a proteção do INSS.

Foi aí que entendi: a minha dor precisava virar solução. E foi o que fiz. Estudei, me especializei e desenvolvi uma comunicação simples e transformadora para explicar para pessoas como você, que estão lidando com essa angústia e precisam encontrar um caminho seguro, como tudo funciona.

A vontade de compartilhar essas informações nasceu da minha história de vida e de centenas de clientes que já atendi. Assim, vou mostrar os dois primeiros passos, que já podem transformar sua jornada.

PRIMEIRO PASSO: EDUCAÇÃO E CAPACITAÇÃO – CONHECIMENTO É LIBERDADE

A base de tudo é entender. Sem saber seus direitos, você pode acabar nas mãos da sorte – ou do Sistema que, convenhamos, não é nada amigável. Por isso, o primeiro passo é a capacitação: entender as regras, as possibilidades e os diferentes caminhos. Antes que pense "Mas eu não entendo nada disso, doutora Vanessa", vou tranquilizar. Você não precisa ter formação em Direito ou entender de leis. Precisa apenas ter vontade de aprender o básico para não ser enganado nem se autossabotar. Na prática, isso significa reservar um tempo para se manter atualizado.

Com essas ações simples, você já começa a sair da insegurança e a enxergar possibilidades concretas.

SEGUNDO PASSO: ASSESSORIA PERSONALIZADA – VOCÊ NÃO PRECISA PASSAR POR ISSO SOZINHO

Aprendi que cada caso é um caso. Não espere a dor bater à porta, não espere a idade avançar ou a saúde surpreender você. Planejar ou fazer uma análise de viabilidade técnica pode e deve ser um ato de amor por você e pela sua família.

Comecei ensinando essa metodologia a estudantes e advogados iniciantes. No início da jornada de conhecimento, eles chegavam inseguros, cheios de dúvidas, com medo de não conseguirem ajudar os clientes e, no fundo, também receosos de não conseguirem sobreviver à advocacia. Na primeira turma, vi profissionais saírem do zero absoluto – sem nunca terem feito um benefício – para conseguirem aprovar a tão esperada concessão de aposentadorias e auxílios em prazos muito menores do que os tradicionais. Vi olhos brilhando quando começaram a receber os primeiros honorários, quando foram reconhecidos pelos clientes e perceberam: "Funciona mesmo!". Eu vibrava junto, como se cada conquista fosse minha também. E era!

Ao longo desses mais de 25 anos de experiência senti o real impacto da minha missão. Conheci pessoas que já estavam há anos esperando benefícios, muitas vezes sem saber nem por onde começar, e com minhas orientações conseguiram o que parecia impossível. Recebi mensagens de todos os cantos do país dizendo que evitaram prejuízos, conseguiram colocar comida na mesa, pagaram tratamentos de saúde ou, simplesmente, dormiram em paz sabendo que tinham um benefício garantido. Isso, para mim, não tem preço!

E quando o método chegou até empresas e profissionais de Recursos Humanos, a transformação foi surpreendente. Vi setores inteiros se organizando, entendendo as peculiaridades dos pedidos de aposentadoria que protegem as pessoas que arriscam a saúde em razão da atividade profissional. Eu me emociono ao lembrar de uma gerente de RH contando que, depois do meu assessoramento, conseguiu orientar uma funcionária que estava prestes a se aposentar, poupando meses de sofrimento e incerteza.

E sabe qual é o segredo? Não tem mágica. Tem método. Tem passo a passo. Tem conhecimento traduzido de forma simples, acessível, do jeito que eu gostaria que tivessem me ensinado lá atrás. E o melhor de tudo é que tenho certeza de que, se você aplicar o que estou mostrando aqui, pode ser o próximo a me escrever dizendo: "Doutora Vanessa, consegui!". Eu já estou aqui, de coração aberto, esperando por essa mensagem!

PLANO TÁTICO: COMO CONQUISTAR SEUS DIREITOS PREVIDENCIÁRIOS SEM SOFRIMENTO

Quero mostrar agora, de forma prática e real, como você pode começar hoje mesmo a mudar a sua relação com o INSS. Não importa se é segurado, advogado iniciante ou um profissional de RH. O caminho para ter mais segurança e resultados começa sempre com os primeiros passos certos.

Vou explicar o meu método de forma simples, como se estivéssemos tomando um café enquanto vou contando tudo...

PASSO 1 - EDUCAÇÃO E CAPACITAÇÃO: CONHECIMENTO QUE NINGUÉM TIRA DE VOCÊ!

Eu demorei para entender isso na prática, mas hoje posso dizer com toda certeza: conhecimento é poder! E sempre que falamos sobre INSS, o primeiro passo é conhecer seus direitos e se manter atualizado. Não estou dizendo que precisa virar um especialista, mas saber o mínimo já evitará muitos transtornos e dores de cabeça.

Se você quer entender como a sua aposentadoria pode ser encaminhada, ou se você é um advogado querendo atuar na área, precisa começar a se capacitar. E isso não significa ficar perdido entre artigos e leis difíceis. É justamente o contrário! A minha proposta parte do princípio de que pessoas comuns, mas devidamente preparadas, conseguem entender o que precisam para proteger um direito social.

COMO APLICAR: reserve um tempo para aprender sobre o seu histórico, os tipos de benefícios, regras gerais de aposentadoria, auxílio-doença, pensão por morte, BPC/LOAS e outros direitos importantes. Faça isso de forma organizada, confiando em fontes seguras e com linguagem simples. Eu recomendo começar, inclusive, pesquisando o próprio site do INSS (fontes sempre atualizadas) e, é claro, procurar especialistas previdenciários ou cursos que falem a sua língua, e não o "juridiquês".

PASSO 2 - ASSESSORIA PERSONALIZADA: CAMINHO CERTEIRO, SEM PERDER TEMPO!

Depois de aprender o básico, o segundo passo é aplicar esse conhecimento de forma ajustada à sua realidade. Não adianta nada saber as regras gerais se não souber aplicá-las à sua história, ao seu tempo de contribuição, às particularidades do seu caso.

É aqui que muita gente erra, tentando resolver tudo sozinho e sem planejamento. No final, tem o benefício negado, recebendo menos do que teria direito ou esperando anos por um processo malfeito.

Na prática, você precisa reunir toda a sua documentação, entender quais são as regras específicas para conquistar o benefício e, se possível, contar com orientação técnica e experiência comprovada de quem entende do assunto. Isso evita que você caia em armadilhas, acelerando o processo!

COMO APLICAR: quando comecei, eu mesma tive que corrigir os erros da minha trajetória, buscar informações e reorganizar tudo. Hoje, vejo meus alunos e clientes acelerando processos e evitando anos de sofrimento só por seguirem esse segundo passo de forma simples e estratégica.

POR QUE É IMPORTANTE COLOCAR O PASSO A PASSO EM PRÁTICA?

Quando você está lidando com um sistema tão complexo e, muitas vezes, inacessível como o INSS, a sensação de impotência pode ser esmagadora. Muitas pessoas, como você, desistem de lutar pelos próprios direitos por sentirem que o processo é burocrático demais ou que é tarde demais para buscar uma solução.

A decisão de aplicar o passo a passo que estou sugerindo pode ser a chave para mudar essa sentença. Ao seguir esse roteiro de forma prática, você se antecipará aos erros mais comuns que podem atrasar ou até impedir a concessão do seu benefício. Ao acessar suas informações da forma correta e evitar erros de procedimento, você maximiza suas chances de sucesso, sem as frustrações que muitos enfrentam.

Não desista! Muitas vezes, o maior obstáculo está na falta do conhecimento. Com a informação e a estratégia certas, você pode transformar essa dor em uma vitória. Não se contente com a incerteza, vá em busca do que é seu por direito!

E SE VOCÊ ESTIVER PENSANDO EM DESISTIR...

Eu sei como é fácil pensar em desistir. O sistema, muitas vezes, nos desanima; as respostas são lentas e as frustrações aparecem. Pense no que está em jogo: sua dignidade, sua segurança financeira e a tranquilidade da sua família. Imagine poder olhar para o futuro com confiança, saber que está fazendo tudo o que pode para garantir o que é seu por direito. O seu futuro depende das ações que realizar hoje. Eu estou aqui para ajudar você a trilhar esse caminho com segurança e leveza.

A mensagem final que deixo para você, querido leitor, é de esperança e ação. O passo a passo que compartilhei neste capítulo não é apenas uma fórmula, mas uma estratégia construída a partir de anos de experiência. Ao aplicar cada etapa, você se aproximará da solução para suas dificuldades, seja como segurado, advogado, profissional de RH ou contador dentre tantos outros interessados. Não subestime o poder do conhecimento previdenciário e da orientação especializada!

A jornada para garantir seus direitos previdenciários começa agora... Vamos! **O preço de não planejar o improvável é alto e ele sempre chega! Você pagará com tempo, dinheiro ou paz. A escolha é sua!**

VANESSA SENS é advogada, professora e especialista em Direito Previdenciário, desde 1999. Também é reconhecida profissionalmente como mentora e palestrante. A experiência profissional que carrega já impactou mais de mil alunos e transformou a vida de várias centenas de famílias. Divide a jornada com as realizações de ser esposa, mãe de três filhos, comunicadora e gestora do próprio negócio.

@vanessa.sens @storysellingvanessasens
@vanessasensadvogada Sens Reckelberg Advocacia
Vanêssa Maria Sens Reckelberg
lattes.cnpq.br/6604466616445734

DANIEL FONSECA
FOTO © @DWFOTOGRAFIAREAL

14
VENCER NA ADVOCACIA: ESTRATÉGIA, ADAPTAÇÃO E RESILIÊNCIA

Depois de uma trajetória bem-sucedida na advocacia, dediquei os últimos seis anos a compreender não apenas o mercado jurídico, mas também como a minha própria jornada poderia impactar a vida dos advogados. Percebi que, apesar do empenho, muitos não alcançavam os resultados desejados. Alguns desistiam, outros migravam para diferentes setores ou buscavam complementar a renda com atividades paralelas. Ainda assim, havia aqueles que persistiam, movidos pela crença na profissão. Foi nesse percurso que compreendi que o verdadeiro sucesso não se resume ao conhecimento técnico ou às condições do mercado. Está, por outro lado, na capacidade de se reinventar, desenvolver uma nova mentalidade e agir com resiliência. Para conquistar o impossível, é preciso mais do que esforço – é necessário autoconhecimento, inteligência emocional e, acima de tudo, coragem para assumir o protagonismo da própria história.

Vejo, entretanto, que a pandemia de covid-19 agravou ainda mais os desafios enfrentados pelos advogados. De acordo com uma matéria publicada pela *Folha de S.Paulo* em abril de 2022, intitulada "Advogados viram motoristas de Uber e vendedores com crise na pandemia",[1] foi possível perceber que muitos profissionais, especialmente os recém-formados, sofreram um forte impacto com o fechamento do Judiciário e a rápida digitalização dos processos. Diante desse cenário, vários foram forçados a buscar alternativas, como atuar como motoristas de aplicativos ou vendedores, apenas para garantir a subsistência. Essa realidade expôs uma dura verdade: o conhecimento técnico, por si só, não é suficiente para assegurar uma carreira estável.

Essa crise, portanto, intensificada pela pandemia e pelas transformações do mercado jurídico, não é uma adversidade pontual, é reflexo de um sistema saturado e resistente às novas demandas. O excesso de profissionais, a digitalização acelerada dos processos e a crescente dificuldade na captação de clientes têm levado muitos a abandonarem a profissão ou buscarem alternativas fora do Direito. Sem uma mudança estratégica e de mentalidade, mais advogados continuarão à margem, sem perspectivas de crescimento ou realização profissional. E os impactos dessa realidade já são sentidos: instabilidade financeira, dificuldade de se posicionar no mercado e falta de perspectivas concretas afetam não apenas a carreira, mas também a autoestima, a qualidade de vida e a segurança no futuro. Para aqueles que enfrentam esses desafios, cada dia sem ação representa mais um passo rumo à insegurança e frustração.

Além da busca por estabilidade e reconhecimento, muitos advogados desejam exercer a profissão com propósito e resultados reais. No entanto, sem as ferramentas certas, encontram dificuldades para atrair clientes, precificar os serviços, construir uma marca forte e se destacar na concorrência. O que deveria ser uma jornada de crescimento e realização acaba se tornando um ciclo de estagnação e desmotivação.

Se esse for o seu caso, saiba que sei exatamente como se sente. A frustração de se dedicar anos à advocacia, enfrentando noites de estudo, prazos exaustivos e desafios constantes, apenas para perceber que os resultados esperados não chegam. A incerteza financeira, a dificuldade de captar clientes

---

[1] BRANDINO, G. Advogados viram motoristas de Uber e vendedores com crise na pandemia. **Folha de S.Paulo**, 12 abr. 2022. Disponível em: https://www1.folha.uol.com.br/poder/2022/04/advogados-viram-motoristas-de-uber-e-vendedores-com-crise-na-pandemia.shtml. Acesso em: 20 mar. 2025.

e a sensação de estagnação podem ser sufocantes. Você olha ao redor e se pergunta se fez a escolha certa, se há algo errado com você ou se o mercado simplesmente não tem espaço para mais um profissional da área.

Mas quero que você saiba: há uma saída. O problema não é a sua capacidade, é a necessidade de um novo olhar sobre a carreira. O mercado jurídico mudou, e, para prosperar, é fundamental desenvolver um novo mindset, estratégias assertivas e a capacidade de se posicionar de maneira diferenciada. Trazer essa clareza é a minha missão. Quero guiá-lo nessa transformação. E não é um caminho que fala sobre tentar mais do mesmo, mas sim sobre enxergar novas possibilidades e agir com estratégia e resiliência. Você não está sozinho: muitos advogados enfrentam as mesmas angústias, tentando equilibrar a paixão pelo Direito com as duras realidades da profissão.

Isso tudo tem acontecido em contrapartida, pois, desde o início da sua jornada, você foi condicionado a acreditar que o conhecimento técnico seria suficiente para garantir o seu sucesso. Você passou anos estudando leis, doutrinas, jurisprudência e se preparando para enfrentar desafios jurídicos complexos. Mas ninguém o ensinou que, no mundo real, a advocacia exige mais do que isso. Ninguém falou sobre gestão de carreira, inteligência emocional, posicionamento estratégico e como lidar com a pressão constante. E agora você se vê tentando sobreviver em um mercado altamente competitivo, sentindo que falta algo, mas sem saber exatamente o quê.

Além disso, há outro fator: a sociedade impôs expectativas irreais em você. Desde que escolheu o Direito, talvez tenha ouvido que advogado sempre tem trabalho, que quem se esforça alcança o sucesso e que, com o tempo, tudo se ajeita. Mas a realidade mostrou um caminho diferente. Você se esforçou, investiu tempo, dinheiro e energia e, ainda assim, sente que está longe de onde gostaria de estar. Isso não significa que falhou. Significa apenas que fizeram você acreditar que o caminho era linear, quando, na verdade, o sucesso na advocacia depende de estratégias, adaptação e resiliência.

Desse modo, tenha em mente que o que você está passando hoje não define a sua capacidade nem o seu futuro. O sistema preparou você para conhecer as leis, mas não para empreender, se posicionar estrategicamente ou lidar com os desafios emocionais da profissão. Suas dificuldades na advocacia não definem sua capacidade, tampouco são falhas pessoais, elas ocorrem porque nunca lhe deram as ferramentas certas.

A diferença está na forma como cada um aprende a lidar com esses desafios, desenvolvendo novas habilidades, ajustando a mentalidade e encontrando caminhos estratégicos para crescer.

Você não precisa carregar esse peso sozinho. Agora que entende que o problema não é a sua competência, mas sim as ferramentas que não recebeu, pode começar a mudar o jogo. E eu estou aqui para ajudá-lo nessa jornada. Vamos juntos construir uma advocacia mais leve, inteligente e alinhada com quem você realmente é.

Para tanto, quero que assuma o controle da sua carreira ao desenvolver uma mentalidade empreendedora. O crescimento na advocacia exige mais do que conhecimento técnico e tempo de experiência. Requer uma mudança de mentalidade: sair da passividade e assumir o controle da própria carreira. O advogado que espera oportunidades externas, confiando apenas no acaso ou em indicações esporádicas, limita o próprio potencial. Para se destacar em um mercado competitivo, é necessário empreender dentro da profissão, construir uma estratégia clara de posicionamento e atuar de modo intencional no desenvolvimento de autoridade.

Nesse sentido, acredito que o verdadeiro sucesso pertence a quem conduz a profissão como um negócio, compreendendo que a própria trajetória não é determinada pelo mercado, mas pelas escolhas que faz todos os dias. Então como aplicar isso na prática?

1. **DEFINA METAS CLARAS:** aonde você quer chegar nos próximos seis meses, um ano e cinco anos? Ter um plano de crescimento evita que você fique refém da rotina e da incerteza.
2. **IDENTIFIQUE O SEU DIFERENCIAL:** o que torna você único no mercado jurídico? Explore suas habilidades e encontre um nicho que valorize sua expertise.
3. **INVISTA EM CONHECIMENTO ESTRATÉGICO:** além do Direito, aprenda sobre competências socioemocionais (soft skills). Isso dará a você ferramentas para expandir a sua atuação e conquistar

melhores oportunidades. Recomendo a leitura do meu livro *Não somos advogados, estamos advogados*.[2]

4. **O VALOR DA IDEIA É ZERO, O SUCESSO ESTÁ NA EXECUÇÃO:** não espere até sentir-se 100% preparado – a ação precede a confiança, e não o contrário. Comece agora, aprimore no caminho.

Com tudo isso, quero gerar impacto na sua vida e na sua profissão, pois você deixará de ser apenas mais um no mercado, passará a se destacar com um posicionamento estratégico, começará a atrair clientes certos e a construir um negócio jurídico sustentável e ganhará mais autonomia e clareza sobre o próprio futuro, sem depender apenas de indicações ou sorte. Sobre isso, há uma história de alto valor.

Um mentoreado meu sempre soube que o mercado jurídico era saturado, mas acreditava que o diferencial técnico bastaria para se destacar. Durante anos, investiu em conhecimento, cursos e especializações, mas os clientes não surgiam na mesma velocidade. Ele percebia que, apesar da competência, a advocacia dele não avançava como esperava. Foi então que marcamos um café para uma mentoria. Conversamos sobre o mercado jurídico e os desafios da profissão. No fim, ele teve o insight mais importante daquele dia: competência técnica, por si só, não é suficiente. Ele precisava aprender a se posicionar estrategicamente e dominar o networking baseado em valor.

Pouco tempo depois, ao participar de um evento empresarial, ele colocou em prática o que discutimos. Conheceu uma investidora do setor imobiliário e, em vez de simplesmente entregar um cartão e falar superficialmente sobre a atuação, aplicou a estratégia que compartilhamos na mentoria. Primeiro, demonstrou interesse genuíno nos desafios da investidora. Descobriu que ela enfrentava dificuldades para encontrar imóveis em leilão com segurança jurídica. Em vez de vender os serviços de imediato, compartilhou insights valiosos, explicando que um planejamento jurídico estruturado poderia evitar prejuízos, assim como aumentar a rentabilidade das aquisições.

---

2 FONSECA, D. **Não somos advogados, estamos advogados**: como permanecer relevante em um ecossistema jurídico em rápida evolução, gerar valor e diferenciação e tornar a concorrência irrelevante. São Paulo: Neurolaw, 2024.

Dias depois, a investidora entrou em contato. Ela e o sócio estavam iniciando um projeto ambicioso e precisavam de um advogado. Como o meu mentoreado não apenas demonstrou conhecimento técnico, mas entendeu o negócio da cliente e ofereceu soluções estratégicas, foi contratado para assessorar as aquisições. Esse é o poder do que expliquei.

A decisão de transformar sua realidade é uma escolha pessoal. E essa escolha não precisa ser radical ou imediata. Pequenas ações, feitas de maneira consistente, criam um impacto muito maior do que mudanças bruscas e momentâneas. Se você seguir o passo a passo, mesmo que adaptando-o ao seu ritmo, estará construindo uma base para um futuro mais próspero e equilibrado na advocacia. O erro mais comum é acreditar que se não fizer tudo agora não vale a pena começar. Mas esse pensamento é um sabotador invisível.

Já vi muitos advogados passarem por momentos de incerteza e encontrarem maneiras de virar o jogo. Não importa quantas vezes você sentiu que falhou. Cada novo dia é uma chance de recomeçar de maneira mais inteligente, mais forte e mais estratégica. E não quero que mude tudo de uma vez. Escolha um primeiro passo e comprometa-se a colocá-lo em prática. O progresso vem da constância, não da perfeição.

Você tem dentro de si a capacidade de construir a carreira e a vida que deseja. Mas essa construção começa hoje, com as decisões que você faz agora. Então, eu o convido a dar esse primeiro passo. Não amanhã, não quando as circunstâncias forem ideais, mas agora. Porque o futuro que você quer não está em um lugar distante – ele começa com o que você escolhe fazer no presente.

E, se chegou até aqui, é porque em algum momento sentiu que algo precisava mudar na sua carreira e na sua vida. Talvez tenha sentido o peso da incerteza, a frustração de se dedicar intensamente à advocacia e ainda assim não ver os resultados que gostaria. Mas acredite em seu poder de mudança. Assim como defende os direitos dos clientes com determinação, você merece agora defender o seu direito de ser feliz e realizado na profissão.

Por isso, receba estas palavras finais como de um amigo que acredita em você: não desista de si mesmo. As dificuldades que você enfrenta agora não definem toda a sua trajetória. Elas são capítulos, não o livro inteiro. E, a partir deste momento, você pode pegar a caneta e começar a escrever novos capítulos com mais equilíbrio, confiança e satisfação.

DANIEL FONSECA é advogado e consultor jurídico, formado em Direito pelo UNICEUB, e atua há mais de vinte anos na advocacia contenciosa e consultiva. É autor do aclamado Não somos advogados, estamos advogados, presidente da Comissão de Empreendedorismo e Mercado Jurídico da Ordem dos Advogados Brasil (OAB), Subseção de Águas Claras, Distrito Federal, e foi conselheiro do Conselho de Recursos da Previdência Social (CRPS) por quatro mandatos. É especialista em Direito Público pela UCB, em Direito Imobiliário pelo IDP-DF, e possui certificação em Mercado de Capitais pela FGV. Recebeu a prestigiosa Medalha e Comenda Homens de Honra no Grau de Comendador pela Academia Brasileira de Ciências, Artes, História e Literatura (ABRASCI). Entusiasta do autoconhecimento para advogados, tem certificações em Inteligência Emocional, Neurociências e Comportamento, e Mentoria e Coaching pela PUC-RS. É um lifelong learner apaixonado por aprender e multiplicar conhecimento, apreciador de um bom café especial e de ir a livrarias passar o tempo livre. Atua também como mentor e conselheiro de advogados nas temáticas de liderança e alta performance.

@danielflaviof

FLAVIA MARDEGAN

FOTO © IRIS DE OLIVEIRA

15
VENDER É UMA FERRAMENTA DE LIBERDADE

Caso você acredite que empreender não é para você, que vender é algo indigno ou apenas uma solução temporária, este capítulo vai mudar sua percepção. **A verdade é que a área comercial e o empreendedorismo são dois dos caminhos mais rápidos e eficazes para conquistar independência financeira**, mas muitas pessoas deixam essa oportunidade passar por medo, insegurança ou por crenças limitantes impostas pela sociedade.

No geral, as pessoas sentem medo da área comercial, ou seja, têm receio e vergonha de vender os produtos ou os serviços, e isso as impede de conquistar sonhos. Elas até podem já ser profissionais liberais, empresários ou empreendedores, mas ignoram o fato de que qualquer empresa precisa garantir, a partir da área comercial, que os produtos cheguem até os clientes. Nada acontece até que uma venda seja realizada.

Nesse sentido, há uma dor universal: **a insegurança em assumir o controle dos próprios resultados**, levando a escolhas que limitam o crescimento financeiro e profissional. A falta de coragem em empreender, seja no papel de vendedor (pois um vendedor é um empreendedor solitário, responsável pelos ganhos), seja no papel de um profissional liberal ou dono do próprio negócio, faz com que muitos se submetam a um trabalho formal ou em áreas técnicas ou administrativas, resultando em baixos ganhos, falta de reconhecimento e frustração por não alcançar a independência financeira.

Imagine duas pessoas começando a carreira ao mesmo tempo. Uma aceita um emprego tradicional, com salário fixo e pouca margem de crescimento. A outra entra na área comercial, aprende a vender e, com o tempo, atinge um faturamento maior do que o primeiro salário do amigo. O que diferencia os dois? **A coragem de enxergar vendas e o empreendedorismo como um caminho de crescimento, e não como uma limitação.**

Tudo isso, portanto, converge em um ponto essencial e que precisa ser resolvido, pois as pessoas precisam ganhar dinheiro para conquistar sonhos e objetivos na vida, e a área comercial ou o empreendedorismo são caminhos sólidos para isso. Tem desafios? Com certeza. Mas também oferece a chave para um crescimento ilimitado na busca dos sonhos.

Outro ponto importante é que **quem sabe vender nunca ficará sem emprego.** Os formatos de trabalho estão mudando, e muitos negócios deixarão de existir. Quem conseguir interpretar o cenário e se adaptar rapidamente sobreviverá. Quem não desenvolver habilidades comerciais ficará para trás, limitando as próprias oportunidades. É um cenário, inclusive, que pode acarretar falta de controle sobre o futuro profissional e pessoal, fazendo **muitos perderem oportunidades de crescimento e de conquista dos objetivos porque temem se arriscar na área comercial ou no empreendedorismo.** Isso reforça que vender não é só uma profissão, mas uma mentalidade que permite crescer e conquistar sonhos e objetivos de vida.

Então quero que reflita: você sente medo da área comercial? Sente angústia por não estar preparado para assumir o controle do próprio destino? Sente que está perdendo oportunidades por não saber vender adequadamente? Ou então por não perceber que vender é o caminho para a independência financeira? Essas são algumas perguntas que podem estar permeando a sua mente, e é sobre elas que vou falar.

Hoje, percebo que há uma insegurança grande nas pessoas por não acreditarem que os produtos ou os serviços podem transformar a vida dos clientes, e sentem também insegurança em relação a como farão para vendê-los, uma vez que sabem que a venda depende diretamente de esforço e estratégia comercial. Isso, por sua vez, acarreta uma **paralisia por estar mais comprometido com**

o medo de perder do que com a possibilidade de ganhar. Com isso, muitos ficam presos a empregos sem escalabilidade financeira, adiam ou abandonam sonhos por falta de dinheiro. É um cenário que mostra que o medo de empreender não está relacionado a vender os produtos ou os serviços, mas sim a assumir o próprio destino, demonstrando que vender ou empreender não é uma simples profissão, e sim uma ferramenta de liberdade.

Quantas pessoas você conhece, ou já leu histórias, que saíram do nada e construíram impérios por acreditarem em sonhos e produtos, por terem um propósito claro? Pense nisso.

Em outra instância, vejo que tudo isso acontece porque, na cultura brasileira, as pessoas acham que vender é feio e indigno, diferente de outros países, em que há a valorização e o reconhecimento dessa área. No Brasil, existe um estigma negativo sobre a profissão. Em contrapartida, em outros países, como os Estados Unidos, o empreendedorismo é ensinado nas escolas, bem diferente daqui, onde somos formados para não assumir riscos e não são desenvolvidas a criatividade e a capacidade de inovação na educação formal. E o ápice desse contexto é o fato de eu ter feito Administração de Empresas e não ter tido uma matéria sobre gestão comercial na faculdade.

Outro ponto importante para que esse fator esteja acontecendo é a falta de autoconfiança. Muitas pessoas não acreditam na própria capacidade de empreender, e com isso vemos muitos profissionais liberais atuando fora de sua área de formação, por medo de montarem empresas, clínicas e escritórios.

Ao lado de tudo isso há também a falta de conhecimento sobre o potencial financeiro e de crescimento. Existe uma falta de referências que mostrem o caminho para transformar vendas e o empreendedorismo em uma carreira promissora.

Mas acredite quando afirmo que o impossível se torna realidade quando você tem um propósito claro, confia no seu potencial, traça uma boa estratégia e age com determinação ao valorizar o empreendedorismo e a área de vendas. Muitas pessoas encaram desafios como barreiras intransponíveis, mas a verdade é que o impossível se torna realidade quando combinamos três elementos essenciais: **autoconfiança, estratégia e ação consistente**. No mundo comercial e no empreendedorismo, essa mentalidade não é apenas inspiradora – ela é a base para resultados concretos.

Na prática, ao aplicá-las, você sai da posição de espectador e assume o controle do seu sucesso. Obstáculos antes intransponíveis se tornam oportunidades, o medo dá lugar à confiança, e **cada ação bem direcionada aproxima você de seus objetivos**. Profissionais que cultivam essa mentalidade não só atingem metas, se destacam no mercado, aumentam os ganhos e criam as oportunidades que antes pareciam impossíveis, podendo, assim, conquistar o inimaginável para si e para a própria família.

E tenho certeza de que você também quer isso. Então vamos aos três principais passos para que você mude o seu cenário. Ao fim deles, ainda deixarei um bônus caso você queira saber mais sobre o assunto.

1. CONFIE NO SEU POTENCIAL

A autoconfiança não é um talento inato, e sim um músculo que precisa ser treinado. Profissionais da área comercial e empreendedores frequentemente enfrentam rejeições e desafios, e aqueles que desistem no primeiro "não" são os que permanecem estagnados. Quando você acredita no seu potencial, a sua postura muda, pois:

- Você se posiciona como uma autoridade no que faz.
- Sabe que cada desafio é uma etapa do aprendizado, e não um fim de caminho.
- Não depende da validação externa para seguir em frente.

O sucesso começa com a crença de que você é capaz, pois, sem essa convicção, nenhuma estratégia ou ação será sustentável.

2. TRACE UMA ESTRATÉGIA CLARA

Sonhar grande é essencial, mas um sonho sem estratégia é apenas um desejo. No mercado empresarial, isso se traduz em:

1. **DEFINIR METAS REALISTAS E MENSURÁVEIS:** em vez de dizer "quero vender mais", estabeleça "quero aumentar minhas vendas em 30% nos próximos seis meses".
2. **CRIAR UM PLANO DE AÇÃO:** quais passos são necessários para alcançar esse crescimento? É preciso melhorar o discurso? Buscar novos clientes? Investir em capacitação?

3. **AJUSTAR CONFORME NECESSÁRIO:** a estratégia não deve ser fixa. Se um caminho não funciona, é preciso ter flexibilidade para adaptar a rota sem perder o foco.

Ter clareza sobre o destino e os passos necessários para alcançá-lo elimina a paralisia e aumenta a confiança na jornada.

3. AJA COM DETERMINAÇÃO

Sem ação nada acontece. Muitas pessoas ficam presas à etapa do planejamento, esperando o "momento perfeito" para agir – mas ele nunca chega. A diferença entre os que conquistam resultados extraordinários e os que permanecem na média está na execução disciplinada. E isso significa:

- Fazer contatos diários, mesmo quando não há motivação.
- Buscar aprendizado contínuo, investindo em técnicas e aprimoramento.
- Manter a resiliência diante dos desafios, entendendo que cada "não" aproxima você do "sim".

O segredo do sucesso não está apenas em ter boas ideias, mas também em colocá-las em prática de modo consistente e estratégico. Ao confiar no seu potencial, ter um plano claro e agir com determinação, aquilo que parecia impossível se tornará uma questão de tempo para que seja realizável. **A mentalidade de realização não é um conceito abstrato – é um modelo prático de comportamento que transforma sonhos em realidade.**

Você é a pessoa mais importante do processo. Quanto tempo faz que não tira um tempo para olhar para você? Imagino que bastante. Então pegue papel e caneta e responda às perguntas a seguir – tenho certeza de que elas ajudarão você a ter mais clareza nesse processo.

1. Qual é o sonho que você realizará quando conquistar o seu próximo resultado extraordinário?
2. Quais são as suas principais qualidades? Liste pelo menos dez. Se ficar com dificuldade, quero que pergunte para as pessoas mais próximas de você, para que possa ter mais clareza sobre seus pontos fortes.
3. Como as qualidades citadas podem ajudar você na conquista de seus sonhos?

SE QUISER APROFUNDAMENTO

Para aprofundar essa mentalidade e aplicá-la na prática, recomendo o meu livro *Vendas: ciência ou intuição?*.[1] Ele oferece um passo a passo para estruturar toda a área comercial, combinando teoria e exercícios práticos. Afinal, vendas não são apenas intuição – são ciência e, como toda ciência, são uma habilidade que pode ser aprendida e treinada, gerando, assim, resultados extraordinários.

E se estiver em dúvida sobre ler ou não, veja o que Luiz Cesar Pimentel, editor da *IstoÉ*, disse sobre a obra: "Flavia Mardegan possui mais do que a teoria – ela tem o conhecimento empírico de quase três décadas em vendas e varejo". Eduardo Shinyashiki, escritor best-seller e palestrante, destaca que a obra conduz o leitor a uma "jornada de autoconhecimento e desenvolvimento profissional, provando que, com a metodologia certa, é possível alcançar o sucesso em vendas e transformar vidas e negócios".

Para mostrar o quanto tudo isso é poderoso, quero contar sobre um momento decisivo para mim, que aconteceu quando eu tinha 19 anos e comecei a vender. Vale ressaltar que eu já tinha dois diplomas e, mesmo trabalhando para uma empresa, se eu não vendesse, não ganhava, ou seja, não havia garantias, eu era a minha fonte de renda. Naquele início, logo percebi – após apenas cinco dias – que estava longe de dominar a arte das vendas. Foi quando me olhei no espelho e pensei: *Eu não sei vender, mas esse negócio tem que dar certo.*

Esse instante foi o ponto de inflexão. Ao reconhecer as minhas limitações, decidi enfrentar as minhas dificuldades e buscar o aprimoramento necessário. Eu sabia exatamente aonde queria chegar e, por isso, comecei a desenvolver uma estratégia pessoal: a cada cliente, analisava o que funcionava e onde eu havia falhado. Essa prática constante de autoanálise e aprendizado foi o alicerce para a criação da minha metodologia, que se transformou no livro best-seller sobre o qual comentei anteriormente.

Por esse motivo acredito ser tão importante se autoavaliar e investir no próprio desenvolvimento. Isso foi o que mudou a minha história e é o que

---

1 MARDEGAN, F. **Vendas**: ciência ou intuição? A metodologia definitiva para ir direto ao ponto e vender mais. São Paulo: Gente, 2024.

mudará a sua. É só ao encarar as suas limitações que é possível construir um caminho sólido rumo ao sucesso, transformando cada desafio em uma oportunidade de crescimento. A palavra que permeia tudo para mim é *coragem*. **Coragem de fazer o que precisa ser feito.**

Ao colocar esse passo a passo em prática, você investirá diretamente na realização dos seus sonhos. **Nada vence o trabalho bem-feito.** Essa é a chave para transformar os objetivos em realidade e conquistar todos os sonhos.

Espero que esta mensagem final ressoe em você: **o sucesso está ao alcance de quem ousa acreditar no próprio potencial.** Cada desafio que você enfrenta é, na verdade, uma oportunidade de crescimento e de transformação pessoal. Então lembre-se de que a jornada para conquistar os sonhos começa com um passo de coragem, pois **é preciso transformar o medo em estratégia, a dúvida em ação e a insegurança em autoconfiança.** Você é o protagonista da sua história, e cada pequena vitória e cada aprendizado o aproximam mais do patamar com que sempre sonhou.

Agora é a sua vez. Pare de adiar os seus sonhos e comece hoje a construir a sua jornada de sucesso. Para isso, pegue um papel, anote o seu maior objetivo, identifique uma ação concreta que você pode executar nesta semana e comprometa-se a realizá-la.

Nada vence o trabalho consistente e a coragem de transformar desafios em oportunidades. Conquiste o impossível! Você é o protagonista da sua história.

Seja também um improvável!

FLAVIA MARDEGAN *é palestrante internacional e nacional, autora internacional e autora de dois best-sellers nacionais. Mestre em Administração de Empresas e CEO da Mardegan Transformation and Results, empresa especializada no desenvolvimento de áreas comerciais e de atendimento ao cliente. Com uma abordagem empática, estratégica e focada em resultados, lidera iniciativas que impulsionam a performance e a experiência do consumidor. Além disso, a empresa é signatária do Pacto Global da Rede Brasil, uma iniciativa vinculada à ONU, na busca da Agenda 2030, reforçando o compromisso com práticas empresariais sustentáveis e de impacto social.*

@mardegantr   Flavia Mardegan

FÁTIMA REIS
FOTO © FELIPE ZIDANE

16
LIDERANÇA E CONEXÃO ESTRATÉGICA

Você sente que tem clareza ao tomar decisões no seu negócio? Consegue estabelecer conexões estratégicas realmente eficazes? Acredita que ainda faltam habilidades para liderar com confiança? Tenho percebido que os principais desafios enfrentados por empreendedores que desejam crescer estão justamente nestas áreas: a falta de clareza nas decisões, as dificuldades para construir conexões estratégicas sólidas e a carência de competências de liderança.

Muitos se sentem perdidos ao tentar equilibrar as demandas da empresa com a necessidade constante de inovar e se adaptar a um mercado cada vez mais competitivo. Esse cenário, inevitavelmente, gera insegurança diante das incertezas, além de frustração por não saber como transformar boas ideias em ações concretas. O resultado? Sensação de estagnação, dificuldade em encontrar parceiros estratégicos e limitações na condução eficaz das equipes.

Por isso, quero mostrar – ao longo das próximas páginas – como é possível superar esses obstáculos, destacando a importância das conexões estratégicas e do desenvolvimento de uma liderança sólida e inspiradora.

Esses desafios não afetam apenas a esfera profissional, mas também impactam diretamente a vida pessoal. A falta de clareza nas decisões pode gerar estresse, ansiedade e até conflitos familiares, já que, muitas vezes, o empreendedor carrega esse peso sozinho. A ausência de uma rede de apoio e de parcerias estratégicas prejudica a capacidade de escalar o negócio, o que afeta a saúde financeira, assim como a emocional.

No universo feminino, essa realidade se intensifica ainda mais. Existe uma evidente falta de apoio e incentivo às mulheres empresárias. Em alguns grupos pelos quais passei, percebi uma cultura de competição velada, na qual muitas vezes o apoio entre mulheres é substituído por rivalidade, como se o brilho de uma pudesse ofuscar a outra. Havia muita teoria, mas pouca ação e verdade.

Por isso, mulheres, é fundamental acreditarmos em nós mesmas, cultivarmos autoconfiança e construirmos conexões genuínas. Precisamos fortalecer nossas redes, criar parcerias sinceras e formar tribos que nos impulsionem, em vez de nos limitarem.

Além disso, o pequeno empreendedor enfrenta uma grande falta de apoio, especialmente no aspecto financeiro, devido à ausência de taxas mais competitivas e períodos de carência no primeiro ano. Poucas instituições oferecem suporte concreto, dificultando ainda mais o acesso a recursos essenciais para a transformação digital e o crescimento da empresa.

Tudo isso, por sua vez, é urgente de ser resolvido porque, sem uma base sólida de conexões estratégicas e uma liderança eficaz, o empreendedor fica estagnado em um ciclo de incertezas e frustração. O mercado atual exige adaptabilidade, inovação constante e um fortalecimento de redes de apoio para sobreviver à alta competitividade. Sem uma visão clara do negócio e uma rede de parcerias, ele corre o risco de ficar para trás enquanto o mercado avança. Vê outros empresários e profissionais mais conectados, com mais oportunidades de crescer e expandir os negócios, mas não sabe quais passos pode dar.

Os resultados concretos não aparecem e ele não consegue realizar o sonho de ver o negócio prosperar de maneira sustentável e expandir as operações, porque muitas vezes não teve referências e a crença de que pode fazer dar certo. Ele também não consegue dedicar tempo à inovação e ao desenvolvimento de novas ideias, pois está preso a atividades operacionais e urgentes, sem conseguir focar aquilo que realmente gera crescimento e impacto no longo prazo.

Considerando a minha experiência no tema, são três os principais motivos para que tudo isso esteja em curso. O primeiro deles é a falta de planejamento estratégico e de visão de longo prazo. Muitos, especialmente os iniciantes, ficam presos à rotina operacional e negligenciam a construção de uma rede de apoio. Além disso, a falta de capacitação em liderança e networking dificulta a tomada de decisões assertivas. A ausência de apoio e orientação adequada, como mentorias e grupos de suporte, leva o empreendedor a tomar decisões baseadas em tentativas e erros, o que atrasa o progresso e aumenta a incerteza.

Em seguida temos as influências sociais e culturais, que desempenham um papel importante na pressão para alcançar o sucesso rapidamente. A cultura do "sucesso rápido" gera ansiedade e pode levar à frustração e à sensação de incapacidade. Em muitos contextos familiares, há pressão para seguir caminhos tradicionais, o que diminui a confiança para empreender. A falta de apoio familiar também é um fator crítico, pois muitos empreendedores são incompreendidos, o que impacta negativamente a própria confiança e pode mantê-los presos a modelos mentais que não favorecem o crescimento.

Por último, no terceiro motivo temos a falta de conhecimento ou de recursos, que podem impedir o empreendedor de buscar ajuda adequada, dificultando o acesso a mentores e ferramentas essenciais. Sem um direcionamento claro, ele pode ficar paralisado. Há dificuldade em confiar e delegar tarefas, e isso o sobrecarrega e o impede de focar o crescimento do negócio.

Portanto, é um fato que, para o empreendedor crescer, não basta trabalhar duro. O crescimento verdadeiro só acontece quando o empreendedor constrói conexões estratégicas, assume o protagonismo da jornada e transforma desafios em oportunidades. Fazer isso é desenvolver uma mentalidade de liderança. É preciso, também, entender que o crescimento não ocorre sozinho, mas sim por meio de parcerias, posicionamento estratégico e clareza de objetivos. No mundo dos negócios, quem se isola perde força, enquanto quem se conecta ganha acesso a oportunidades e conhecimento que aceleram o crescimento.

Para isso, é essencial ter em mente quatro pontos fundamentais. São eles:

1. Expanda a sua rede de contatos com intencionalidade.
2. Busque aprendizado contínuo com mentores e referências.
3. Tenha clareza sobre os seus diferenciais e propósitos.
4. Pratique a colaboração e construa parcerias estratégicas.

Essas pequenas transformações permitem que o empreendedor solitário e sobrecarregado se torne um líder estratégico, trabalhando de forma mais inteligente, conectando-se com as pessoas certas e tomando decisões que impulsionam tanto o seu negócio quanto sua vida. Acredito profundamente nisso e quero ajudá-lo a destravar esses pontos por meio de alguns passos, que abordarei a seguir.

PASSO 1: DEFINA OBJETIVOS CLAROS E MENSURÁVEIS

O primeiro passo para qualquer transformação é a clareza. Muitas pessoas falham não porque não têm talento ou disposição, mas sim porque não sabem exatamente para onde estão indo. Ter metas vagas como "quero expandir meu negócio" ou "quero ter mais equilíbrio na minha vida" não é suficiente. É preciso transformar desejos em objetivos concretos e mensuráveis.

Para aplicar esse passo, siga estes direcionamentos:

1. **ESCREVA SEUS OBJETIVOS.** Utilize a estrutura SMART (Específico, Mensurável, Alcançável, Relevante e Temporal). Exemplo: em vez de dizer "quero aumentar meu faturamento", defina "quero aumentar meu faturamento em 30% nos próximos seis meses".
2. **DIVIDA O OBJETIVO EM PEQUENAS METAS.** Um grande objetivo pode parecer desafiador, então quebre-o em pequenas conquistas semanais ou mensais para manter o progresso e a motivação.
3. **IDENTIFIQUE OBSTÁCULOS E RECURSOS.** Quais desafios podem surgir? Quais recursos – como conhecimento, networking e tecnologia – você pode utilizar para superá-los? Reflita sobre isso e planeje suas ações.

PASSO 2: CONSTRUA CONEXÕES ESTRATÉGICAS

O sucesso não acontece sozinho. Muitos empreendedores se sobrecarregam porque tentam fazer tudo sozinhos, sem perceber que crescer envolve criar conexões estratégicas. Isso significa se cercar das pessoas certas – mentores, parceiros e uma rede de apoio que possa impulsionar o seu crescimento.

Para aplicar esse passo, siga estes direcionamentos:

1. **FAÇA UM MAPEAMENTO DO SEU NETWORK:** liste as pessoas que hoje fazem parte do seu círculo de contatos. Quem pode ajudar você a crescer? Quem pode oferecer insights ou abrir portas?
2. **BUSQUE NOVOS CONTATOS INTENCIONALMENTE:** participe de eventos, grupos de networking e mentorias. Procure pessoas que já alcançaram o que você deseja e aprenda com elas.
3. **OFEREÇA VALOR ANTES DE PEDIR AJUDA:** networking não é apenas receber, é também contribuir. Seja útil para a sua rede, compartilhe conhecimento e ajude outras pessoas a crescerem.

PASSO 3: EXPANDA SEUS HORIZONTES

Ao longo da minha jornada, aprendi que a inspiração e o conhecimento vêm de várias fontes – histórias reais, experiências vividas e referências que nos ajudam a enxergar novas possibilidades. Quero compartilhar algumas sugestões que podem complementar esta leitura e impulsionar ainda mais você em sua jornada:

- *Oportunidades disfarçadas*, de Carlos Domingos,[1] é um livro que mostra como grandes empreendedores transformaram dificuldades em oportunidades. Muitas vezes, o que parece um obstáculo pode ser a chave para algo grandioso.
- *Chef's Table*[2] é uma série documental que serve como exemplo de como contar histórias pode transformar vidas. Cada episódio apresenta chefs que superaram desafios e construíram legados e podem inspirar você a enxergar o poder das narrativas autênticas. Assim como eu quis contar boas histórias desde o meu primeiro projeto audiovisual, *Tucano. Sertão dos Tocós* (2003), passando pelo talk show *Carreiras & Oportunidades* (de 2012 a 2018), e atualmente no podcast *Empreendedores do Brasil*.

---

1 DOMINGOS, C. **Oportunidades disfarçadas:** histórias reais de empresas que transformaram problemas em grandes oportunidades. Rio de Janeiro: Sextante, 2009.
2 CHEF'S Table. Criação de David Gelb. Estados Unidos: Netflix, 2015-2024. Série exibida pela Netflix. Acesso em: 15 abr. 2025.

- *A coragem de ser imperfeito*,[3] livro de Brené Brown, ensina que a vulnerabilidade pode ser uma força, e não uma fraqueza. Se você tem um sonho, não espere estar pronto, comece com o que tem.

- *O poder da vulnerabilidade*,[4] TED Talk de Brené Brown, complementa o livro mencionado e traz reflexões importantes sobre coragem e autenticidade. A história que você quer contar ao mundo só depende da sua vontade de dar o primeiro passo.

Assim, se há algo que posso garantir é que quem faz a diferença no mundo é quem tem a coragem de tentar, errar, aprender e continuar. Se você tem um sonho, um projeto ou uma ideia que pode impactar vidas, não espere a permissão de ninguém. Vá e faça, assim como eu também fiz.

Por mais de vinte anos empreendendo, eu acreditava que a dedicação extrema ao operacional e às vendas era o caminho certo para o sucesso. Porém, nos últimos dez anos, percebi que, apesar do esforço, o crescimento não acontecia como eu esperava. O motivo? Eu deixava o estratégico de lado.

Foi então que decidi mudar a minha abordagem, aplicando planejamento e estratégia na minha jornada. Comecei a investir de modo consciente em cursos, mentorias e networking, pilares que sempre fizeram parte da minha trajetória, mas que agora tinham um propósito mais claro: expandir o meu negócio de maneira estruturada e sustentável.

Isso aconteceu porque, ao analisar a minha empresa, percebi um grande erro: tudo o que ganhava eu gastava sem reinvestir na estrutura do negócio. Isso impedia que a minha empresa gerasse lucros maiores e proporcionasse segurança financeira. Foi nesse momento que estabeleci uma meta clara: diversificar fontes de renda para fortalecer a minha empresa principal.

O resultado dessa mudança de mentalidade foi transformador. Ao reinvestir de maneira estratégica, criar produtos e estabelecer parcerias, o meu negócio saiu da estagnação e entrou em um ciclo de crescimento acelerado.

---

3 BROWN, B. **A coragem de ser imperfeito**: como aceitar a própria vulnerabilidade, vencer a vergonha e ousar ser quem você é. Rio de Janeiro: Sextante, 2016.
4 O PODER da vulnerabilidade. 2010. Vídeo (20min3s). Publicado por TED: Ideas Worth Spreading. Disponível em: https://www.ted.com/talks/brene_brown_the_power_of_vulnerability?language=pt. Acesso em: 15 abr. 2025.

A principal lição? O crescimento sustentável acontece quando conseguimos equilibrar as demandas operacionais com uma visão estratégica, diversificamos fontes de renda e cultivamos parcerias inteligentes que potencializam os resultados.

O crescimento de um negócio não acontece por acaso; ele exige decisão, consistência e planejamento. Ao seguir um passo a passo estruturado, ao seguir os passos que elenquei anteriormente, você sairá também da estagnação e começará a ver resultados concretos, seja no aumento do faturamento, na ampliação da rede de contatos ou na segurança financeira a longo prazo.

Lembre-se de que o seu sucesso não depende apenas do seu esforço, mas do modo como você o direciona. Trabalhar duro é importante, mas trabalhar de maneira estratégica e inteligente é essencial. Não tenha medo de investir no seu crescimento, testar novas estratégias e construir alianças estratégicas.

Ter atitude é essencial. Só ter chegado até aqui já significa algo poderoso: você está comprometido com o seu crescimento e pronto para transformar a sua realidade. Agora, a grande pergunta é: o que você vai fazer com tudo o que aprendeu?

Cada escolha a partir de agora definirá os resultados do futuro. O que diferencia aqueles que apenas sonham dos que realizam é a capacidade de entrar em ação, mesmo quando o caminho parece desafiador.

A sua história de sucesso está sendo escrita agora – e você é o autor dela. Então, dê o próximo passo. Aja. Experimente. Cresça.

O mundo precisa do que só você pode oferecer.

FÁTIMA REIS é uma empreendedora visionária, mentora de empresários e líder consolidada no mundo dos negócios, com mais de 27 anos de experiência no mercado. Fundadora e líder de mais de seis marcas de sucesso, como Empreendedores do Brasil, Carreiras & Oportunidades, Reis Editora, Sivoplê Comunicação, EB Soluções Empresariais e Reis Produções, Fátima tem sido uma peça-chave na transformação do cenário empreendedor no Brasil e além. A jornada é respaldada por uma sólida formação acadêmica e por especializações que abrangem administração, audiovisual, eventos, pessoas, marketing e gestão de projetos, criando uma base única que combina teoria e prática com uma visão holística do mercado. À frente do Grupo Reis, Fátima não apenas construiu marcas, mas criou um ecossistema que impulsiona o crescimento de empresas e pessoas. O compromisso com o empreendedorismo sustentável e o desenvolvimento humano tem sido uma constante na trajetória dela, utilizando a vasta experiência e rede de conexões para inspirar outros a superarem desafios e alcançarem o máximo potencial.

@fatimareisoficial   fatimareis.com

CRIS
SOARES
FOTO © CAMILA PHOTOGRAFIA

17
LIDERANÇA INSPIRADORA

Empresas duradouras crescem quando têm uma equipe autônoma e alinhada com o propósito. De fato, essa é a realidade dos negócios, mesmo que ignorada por muitos empresários, que não percebem o poder de cultivar uma liderança estratégica, inspirando e capacitando o time para que todos cresçam juntos e fortaleçam, assim, a empresa. Mas os desafios vão além da gestão: é preciso liderar com inspiração, estar aberto à criatividade e inovação, assim como desenvolver a habilidade de resolução de problemas.

Muitas vezes, há falta de envolvimento da equipe, o que afeta diretamente os resultados. Os processos se tornam mecânicos e empobrecidos, a inovação fica estagnada e o crescimento da empresa é limitado. Quando os colaboradores fazem apenas o mínimo, o empresário se vê sobrecarregado, resolvendo problemas que poderiam ser evitados com mais autonomia da equipe. E, nesse sentido, há uma situação particularmente frustrante, que acontece quando um colaborador fala ou se comporta seguindo a lógica "não sou pago para isso", barrando qualquer evolução e fazendo com que o empresário se torne refém de funcionários sem proatividade.

Sem comprometimento, a cultura da empresa fica vulnerável, especialmente ao vermos o choque geracional que existe hoje, um dos maiores desafios das empresas: temos novos colaboradores, com a geração Z, que é superconectada, digitalmente capacitada, mas com muitos desafios comportamentais e de interesse que a faz conflitar com gerações anteriores. Isso deixa a cultura vulnerável e, assim, os resultados ficam comprometidos.

Essa é a gestão de pessoas, que impacta diretamente o crescimento e a sustentabilidade da empresa, porém acaba ficando em segundo plano em muitas situações porque o empreendedor, geralmente, inicia a jornada totalmente focado na operação, estruturando processos e assumindo diversas funções. No entanto, manter esse comportamento e mentalidade impede a evolução da empresa, pois sem uma visão estratégica, sem criar uma distância saudável do operacional, o empresário fica preso no curto prazo, nas urgências cotidianas, e não consegue identificar tendências, antecipar desafios e criar oportunidades.

É algo que, no longo prazo, afeta até mesmo a qualidade de vida do empreendedor, já que um time pouco engajado exige mais energia e esforço, minando a criatividade, exigindo centralização e tomada de decisões em temas que poderiam ser delegados. Em palavras mais simples: uma liderança que não inspira, definha. Isso é difundido há anos por quem estuda o assunto, assim como Simon Sinek na análise do Golden Circle, ou Círculo Dourado, ao defender que uma empresa com propósito constrói um posicionamento diferenciado no mercado. Para isso, ele mostra que o círculo é composto de três camadas: a mais externa é "o que" a empresa faz; depois, na camada intermediária, temos o "como" a empresa faz; por último, no *core* do negócio, temos o "por que" ela faz, ou seja, o propósito, o motivo pelo qual existe e tudo é feito.[1] Essa é a camada mais importante e é a ordem que coloca o propósito e a inspiração como o fator principal de performance e crescimento das empresas.

Mas se é tão importante para líderes e empresários pensarem no "por quê", o quê o faz ser tão ignorado? O ego é um grande vilão desse processo. Quando o empreendedor se vê como a peça-chave do negócio, a liderança se volta para si, gerando um ambiente tóxico, uma empresa sem identidade, e

---

1 SINEK, S. **Comece pelo porquê**: como grandes líderes inspiram pessoas e equipes a agir. Rio de Janeiro: Sextante, 2018.

reduzindo o impacto. A mesma motivação que leva o empreendedor a continuar resistindo e persistindo diariamente deve envolver os liderados, pois funcionários que desempenham as funções sem entusiasmo e sem inspiração em geral apresentam baixo desempenho, alta rotatividade e perda de potencial.

Sem essa força motriz, a empresa se torna só mais uma, pois falta alma, as pessoas trabalham só por motivações pessoais e não profissionais, cada um por si, sem uma energia direcionada para um foco específico, o que faz com que a força da empresa se dissipe e enfraqueça. E muitos deixam que isso aconteça em primeiro lugar pela falta de autoconhecimento, que interfere no comportamento e afeta a percepção do que é certo ou errado, distanciando esse líder da rota correta. Isso, por sua vez, gera insegurança.

Líderes inseguros podem se tornar autoritários ou frágeis, distanciando o time dos objetivos da empresa. Em camadas mais profundas, isso é fruto da necessidade de aceitação e reconhecimento, o que pode agravar ainda mais a situação, pois o empresário pode cometer excessos e ser autoritário demais, minando as boas ideias, gerando falta de pertencimento ao propósito da empresa. O outro extremo em relação à insegurança é o líder frágil, benevolente, democrático demais, que não demonstra segurança nas decisões, compartilhando definições e responsabilidades para se sentir mais próximo do time. É um líder carente.

Para minimizar esse quadro, é preciso estar aberto a feedbacks dos liderados, ter humildade para reconhecer as próprias falhas e buscar caminhos para desconstruir essa imagem e construir um posicionamento mais aberto, empático e que inspire as pessoas a viverem o sonho delas, bem como atingir os objetivos e lutar ao lado dessa liderança. Esse perfil de empreendedor nunca estará sozinho. Muito além de colaboradores, conquistará fãs. É o líder que transmite o legado e inspira os profissionais de modo que o sonho passe a ser sonhado por todos, mas, acima de tudo, que enxerga na empresa o espaço para a realização pessoal e profissional, a dele e a dos colaboradores. É uma liderança inspiradora, que aumenta a confiança mútua, constrói uma cultura forte e minimiza a rotatividade da equipe, reduzindo o custo de contratação e ganhando para si o ativo mais importante de qualquer líder: o tempo.

Um líder inspirador nasce quando as ações dele estão alinhadas ao propósito da empresa, transformando desafios em oportunidades e criando um ambiente propício à criatividade, tornando a resolução de problemas parte da cultura, e não uma exceção. Essa é a visão de líderes extraordinários.

Muitas empresas fracassam não porque os produtos e serviços são ruins, mas porque a liderança não consegue engajar, inovar e resolver problemas de modo eficaz e eficiente. Por outro lado, quando o empresário consegue inspirar os liderados, ele não apenas orienta, mas desperta neles o desejo genuíno de contribuir para o crescimento da empresa. Cria-se, então, um ambiente no qual errar não é um fracasso, os desafios são vistos como parte da evolução e o colaborador se sente parte de algo maior.

Essa é a consciência que quero gerar e a transformação que espero proporcionar em você. Com o meu método, quero tornar a sua liderança mais estratégica, criativa e conectada ao propósito da empresa. Porque quando o empresário lidera com clareza e inspiração, os resultados deixam de ser uma luta e passam a ser a consequência natural de uma cultura bem construída.

Assim, entenda que o propósito precisa ser o alicerce do negócio, a bússola que orienta todas as ações e decisões. Para que essa estrutura funcione de maneira eficiente, a organização precisa ser construída em camadas. E cada camada representa uma área da empresa, com todas homologadas ao propósito central para garantir um crescimento coeso e sustentável.

Para isso, visualize a empresa por meio de um organograma circular, posicionando no centro o coração do negócio: o motivo de existir – o "por que" e "para quem" a empresa trabalha. Ao redor, distribua as áreas responsáveis por tornar essa entrega possível.

Em seguida, desenvolva o mapa de impacto, definindo objetivos, relevância e ações estratégicas para cada setor. Esse processo torna tangível a importância de cada área, deixando claro o que se espera de cada equipe e como o seu trabalho contribui para o todo. Esse alinhamento gera engajamento genuíno e fortalece a cultura organizacional.

A implementação desse modelo ocorre em quatro etapas fundamentais: (1) planejamento, (2) execução, (3) avaliação e (4) ajuste contínuo. Para liderar com inspiração, estimular a criatividade e fomentar a resolução de problemas, é essencial partir da visão macro para a visão micro, garantindo que todos os profissionais sejam reconhecidos e valorizados.

Portanto, siga estes passos:

1. Declare o propósito da empresa de maneira clara e inspiradora.
2. Desenhe um organograma circular que contemple todas as áreas da organização.
3. Construa o mapa de impacto de cada setor, definindo as suas metas e as suas contribuições.
4. Apresente o modelo aos líderes e colaboradores, sendo transparente sobre as suas expectativas.

Durante esse processo, é natural que alguns profissionais não se identifiquem com o novo direcionamento e optem por sair – ou que você perceba desalinhamentos que exijam ajustes na equipe. Mas não perca o foco. Seja fiel àquilo em que acredita, pois o sucesso de uma empresa está diretamente ligado à forma como os profissionais conduzem a missão. Isso foi o que aconteceu em minha jornada e precisei ter essa clareza para resistir, por isso quero contar em mais detalhes essa parte da minha história para você.

O ano era 2021, e a volta gradual depois da pandemia nos trouxe um cenário de transformação profunda. Algo havia mudado dentro de nós. Fomos convidados a olhar para dentro, para compreender como esse "divisor de águas" impactou o mundo, a educação, a nossa escola e a nós mesmos. Então revisitamos os nossos objetivos, e era preciso oferecer um norte, um direcionamento para seguir em frente. Mais do que reconstruir estruturas, precisávamos reconstruir a esperança. Afinal, tínhamos sobrevivido.

Foi nesse momento, em uma sala, respeitando o distanciamento e usando máscaras, que reuni os meus líderes diretos para uma reflexão essencial: por que a nossa escola existe? O que nos faz continuar? Para quem fazemos o que fazemos? Essa provocação deu início a um redesenho profundo de nossos objetivos, práticas e posturas. O impacto foi imediato: cada líder se sentiu envolvido e comprometido em transmitir essa nova visão.

Seguimos um passo a passo estratégico: propósito, organograma circular, mapa de impacto, comunicação interna e externa. Era necessário que toda a comunidade escolar percebesse esse movimento. A nossa identidade precisava estar visível. Assim, remodelamos a logomarca, redefinimos núcleos, espaços e uniformes. Declaramos ao mercado o novo posicionamento. O resultado? Um engajamento coletivo sem precedentes. Uma transformação partiu de dentro para fora, e, no momento de maior crise dos últimos tempos, alcançamos o maior crescimento.

Sei que não é fácil, mas para empreender é preciso ter esperança, garra e preparo. Muitas empresas morreram nesse período, o mercado foi profundamente impactado, mas a nossa escola, contra inúmeros índices negativos, renasceu utilizando as estratégias que compartilhei. Fomos declarando o que esperávamos de cada profissional e inspirando-os a utilizarem a empresa como um espaço de realização pessoal e profissional. Alinhamos o propósito da empresa ao de cada colaborador, o que fez com que sentissem que estavam ali porque acreditavam no propósito da empresa e, acima de tudo, porque viam a oportunidade de deixarem um legado, de construírem algo muito maior para o mundo, para as próximas gerações e para os próprios filhos.

Quando você inspira as pessoas, permite que elas se sintam realizadas, que os objetivos da empresa sejam os objetivos de vida delas. A empresa passa a ser uma ferramenta, um meio para que elas se tornem inesquecíveis, motivando-as a serem pessoas e profissionais melhores. Dessa forma, você está impactando não só os seus clientes, os seus consumidores finais, mas também a si mesmo, pois a maior transformação é interna.

Nada é capaz de parar uma pessoa determinada, nenhum obstáculo é suficiente para barrar a realização do sonho de um profissional que se sente prestigiado, empoderado e necessário para a empresa. Atingir metas da empresa passa a ser a meta pessoal, e essa inspiração permite ao empreendedor confiar no time para se dedicar ao crescimento sustentável da empresa, a olhar para o futuro e atingir o próximo nível.

Comecei a empreender aos 18 anos. Era uma menina cheia de vida, de energia e com um desejo incontrolável de realizar. Aprendi fazendo, vivenciando, caindo, chorando e me levantando. Muitas foram as motivações para desistir: falta de dinheiro, de conhecimento e de bons profissionais. Mas a faísca estava lá, sempre acesa. Eu não queria que as minhas filhas estudassem em uma escola no formato em que eu estudei, em uma instituição que desvalorizava o lado humano, os potenciais, que fosse classificatória e que, em vez de fazê-las acreditarem em si, afastasse-as dos talentos e da própria essência.

E para que o meu sonho se realizasse, era preciso aprender a gerir uma empresa, era preciso aprender a resistir e desenvolver resiliência. Esse era o único caminho, e eu o trilhei. Cada empresa que abri, cada livro que escrevi ou palestra que ministrei tiveram o mesmo propósito. Sempre fui leal ao meu legado e a mim mesma. Hoje, me sinto muito realizada com isso e quero realizar ainda mais. Inclusive é por isso que estou aqui, escrevendo para você, buscando ser a inspiração que eu gostaria de ter tido.

Seja você a sua melhor companhia, o líder que gostaria de ter, o amigo com quem gostaria de conversar, o pai ou a mãe que gostaria de ter tido. Seja humilde, aprenda sempre, busque mais. Você é capaz de melhorar a cada dia, então evolua, pois o mundo precisa de você.

> **CRIS SOARES** *empreende desde os 18 anos, e aos 22 adquiriu uma pequena escola, em que desenvolveu uma metodologia de ensino inovadora, reconhecida pelo MEC. Mestre em inovação escolar, ampliou o impacto criando um sistema de aprendizagem para escolas. Autora e coautora de vários livros, decidiu levar o conhecimento também para as famílias, lançando um método para a educação de filhos, tornando a maternidade mais consciente e descomplicada. Hoje, trabalha à frente da quarta empresa e segue ajudando a educação a evoluir e apoiando pais e educadores na construção de um futuro mais humano e inovador para as crianças.*
>
> @cristinersoares

THIAGO FONSECA
FOTO © GUILHERME CRUZ FOTÓGRAFO

18
FAÇA PARTE DO 1%

Não há nada glamouroso em empreender. Na verdade, costumo dizer que empreender "é tomar um soco na cara diariamente", e vence quem consegue ficar de pé por mais tempo, aguentando a "porrada". Essa, infelizmente, é a realidade de 99% dos empreendedores no Brasil.

Talvez você tenha entrado nessa vida por não ter outra opção, a partir da pura necessidade de sobrevivência. Talvez tenha começado por achar que era o caminho correto, mas depois descobriu que não é para qualquer um. Talvez tenha sido porque acreditou que seria a melhor escolha para poder realizar os seus sonhos.

Mas é preciso ter muita resiliência, estômago forte e coragem para empreender! Falo isso não porque quero assustar ou desencorajar, e sim porque preciso alertar você para que faça o certo. Empreender é, sim, o caminho para realizar sonhos, e isso acontece porque, ao acertar nele, coisas incríveis podem acontecer. Sonhos e estilos de vida que antes pareciam distantes se tornam reais.

Durante muito tempo, me perguntei: empreender é para mim? Várias vezes, parei na porta da minha empresa e não quis entrar. A minha barriga dava um nó toda vez que o telefone tocava. Ou seja, se você empreende e se sente assim, não está sozinho! Já fui essa pessoa.

Quer outros exemplos? Já enfrentei greve de colaboradores da minha empresa. Em outro negócio, cheguei a ter uma arma apontada para a minha cabeça durante um assalto. Por um tempo, não podia receber nada na minha conta bancária porque o cheque especial tomava. O ápice foi quando juntei R$ 3,90 para abastecer o carro e não ter que empurrá-lo até a empresa. Aqui, é possível que você esteja pensando algo como: "Nem carro eu tenho, você estava no lucro". É verdade. Mas tente entender o contexto da situação difícil.

Decidi começar apresentando essas dores porque acredito que, ao mostrar de onde eu vim, posso fazer a diferença na sua jornada. E, principalmente, contar como fiz para ser parte do 1% dos empreendedores que deram certo.

Hoje sei que o meu primeiro grande erro como aspirante a empreendedor foi achar que habilidades, boa ideia e coragem bastariam. Ninguém me contou que humildade e postura de aprendiz são essenciais para dar certo. Profissões como cirurgião cardíaco e piloto de avião são vistas como difíceis, mas, no empreendedorismo, todo mundo acha que domina o assunto. Pergunte a quem quebrou uma empresa e ouvirá desculpas: cenário político instável, carga tributária elevada, falta de mão de obra ou mercado despreparado. Ninguém diz: "Achei que era fácil e quebrei por incompetência!".

É um clássico ouvir que "o Brasil não é para amadores", porém, a mortalidade das empresas aqui não é tão diferente de países desenvolvidos. O ponto em comum entre todos eles é o empreendedor. Acredita? Poucos realmente se preparam. Eu achava que estava pronto, mas uma onda enorme quebrou na minha cabeça. Nesse mar, quando percebemos, já estamos lá no meio, sem saber nadar ou como chegar à areia.

Chamo esse cenário de "corredor polonês",[1] porque empreender é como atravessar um campo de golpes. Também digo que empreendedores estagnados são como zumbis, que vivem no automático. "Castelo de cartas" também é uma boa analogia, em que alguns crescem, acreditam ser gênios e constroem negócios frágeis e sem bases sólidas.

A minha verdade? Passei uma década entre ser um zumbi e estar vivendo o castelo de cartas. Isso aconteceu até que me perguntei: "Se continuar

---

[1] O corredor polonês refere-se a uma passagem estreita em que pessoas agridem fisicamente quem é obrigado a passar por ela. (N. E.)

assim, como estarei em dez anos?". A resposta foi como um cruzado no queixo! Na hora, decidi mudar, deixei o ego e fui buscar aprendizado de verdade. Descobri que desperdicei tempo e energia. E o maior erro? Não ter as pessoas certas ao meu lado. Já pensou se esse é o real motivo pelo qual o seu negócio não prospera?

Aposto que você se identificou em alguns desses exemplos da minha jornada. Sabe qual é o grande problema disso tudo? O tempo voa. Quando percebemos, já se foram dez anos e estamos no mesmo lugar, enfrentando os mesmos problemas. Isso se você for um dos zumbis, porque a maioria nem chega a tanto e desiste pelo cansaço. Sei bem como é, já estive nesse ponto e pensei em desistir e voltar para o CLT.

Ainda bem que fui "covarde" e não desisti. Você não leu errado. Já disse que é preciso ter muita coragem, até mesmo para desistir do próprio negócio. Afinal, muitas pessoas estão há anos lutando para fazer os próprios negócios darem certo. Quando perguntam: "Por que você não desiste?", a resposta geralmente é: "Devo abrir mão de tudo o que investi até agora?". Há certa verdade nessa fala, mas ela fica guardada na gaveta do ego. Quando alguém me responde isso, imediatamente interpreto: "O que os outros vão pensar de mim? Vão saber que falhei!". Essa é a resposta do coração.

Seth Godin, no livro *O melhor do mundo*,[2] traz uma visão oposta ao que nós, brasileiros, aprendemos: "Nunca desista, desistir é para os fracos". Quantas vezes você ouviu essa frase? Eu, muitas. Ela faz sentido, até certo ponto. Afinal, insistir em algo que nunca dará certo não é virtude, é estupidez. Se eu sonhasse em jogar basquete na NBA e achasse que, só por nunca desistir, um dia chegaria lá, poderiam se passar duzentos anos e eu ainda estaria tentando acertar a cesta. Isso porque tenho 1,60 m e sou péssimo no basquete. Pegou a essência?

Às vezes, desistir é a melhor decisão. Antes de fazer parte do 1%, fiquei dez anos na minha empresa com outros sócios. Quando acordei do estado de zumbi, tive que tomar uma decisão difícil: me prender ao que construí durante uma década ou desistir e partir para outra. Felizmente, escolhi recomeçar

---

2   GODIN, S. **O melhor do mundo**: saiba quando insistir e quando desistir. São Paulo: Alta Books, 2019.

o jogo, mas com maturidade. Coloquei-me como aprendiz. Eu não era mais o empreendedor com dez anos de experiência, e sim o cara que apanhou por dez anos e decidiu não cometer os mesmos erros.

A partir dali, a minha grande virada começou. Já me sentia diferente. De algum modo, sabia que estava com a mentalidade certa. Ao aprender com quem já havia trilhado o caminho que eu queria seguir, mergulhei de cabeça no meu desenvolvimento pessoal. Foi aí que comecei a aplicar os conceitos que se tornaram a metodologia do High Leader, que hoje ajuda dezenas de empreendedores a se tornarem verdadeiros líderes.

Nenhum empreendedor acha legal não prosperar e ter um monte de problemas, porém acontece. Infelizmente, o caos se instala quando menos se percebe. No início, é um problema aqui, outro ali. Um cliente reclama, um funcionário pede demissão, falta caixa e o limite da conta é utilizado. Nada preocupante. Então, de repente, já está dentro do furacão. É aí que se ultrapassa "a linha de não retorno". Sabe quando você vai pegar um voo, apresenta o seu documento e o bilhete de embarque, e os comissários dizem "pode passar"? É a analogia perfeita para quando cruzamos a linha do não retorno.

Quando o empreendedor cai no olho do furacão, ele é engolido. A partir desse ponto, os dias são de tempestade e, por consequência, muitos ficam pelo caminho. Já sabemos que o padrão de todas as empresas que não dão certo no mundo é o empreendedor. E qual é o padrão de todas as que dão certo? O empreendedor! Este é o ponto de partida: você é o único responsável pelo sucesso ou fracasso do seu negócio.

Assumir a autorresponsabilidade é um superpoder que todo empreendedor precisa ter. Alguns podem dizer: "Isso eu já sei. É minha responsabilidade". No entanto, é preciso viver esse conceito. Se as coisas não deram certo e alguém perguntar o que aconteceu, você vai dar uma desculpa ou assumir a bronca? Muitos acham que os responsáveis pelo sucesso são o conhecimento, a rede de contatos e o networking. Sim, isso ajuda. Mas, na verdade, o que tem maior peso são as decisões e as atitudes, como Alfredo Soares fala: "O pensamento pode ser errado, mas a atitude tem que ser certa". É preciso começar a mudança, portanto, pelas decisões e atitudes. Como?

Depois de decidir mudar, entrei em uma jornada de autoconhecimento e imersão profunda para aprender sobre negócios. Isso foi importante porque eu nunca havia entendido de fato que empresas são pessoas e que pessoas precisam de pessoas. E mais importante do que a guerra em si é quem está ao seu lado nas trincheiras. Pode parecer óbvio, mas precisa ser compreendido. Na época, eu não conseguia entender por qual motivo o meu negócio andava de lado. Agora vejo claramente onde erramos.

Resumindo? Dois grandes pilares foram os responsáveis: *pessoas* e *modelo de negócio*. É o que vou explicar a seguir.

PESSOAS

Já demiti muitos colaboradores, e não me orgulho disso. Na verdade, sempre foi um processo muito doloroso, para a pessoa e para mim. Não houve uma única vez em que, antes de comunicar a demissão, não tenha pensado que a culpa era minha. Afinal, se havíamos chegado até ali era porque eu havia errado no processo, não filtrado bem, contratado a pessoa errada ou não acompanhado a jornada de perto para ver ela se transformar na pessoa errada.

Também não entendia por que poucos colaboradores eram bons e outros não duravam nem três meses. Até que um dia li um estudo que dizia que a maioria dos empregados são demitidos por comportamento. Bum! Tudo passou a fazer sentido, afinal era exatamente o que estava acontecendo comigo. Percebi que cometia um erro pequeno e simples, mas a consequência era devastadora para a empresa.

Se 90% das demissões são movidas por fatores comportamentais,[3] então eu estava errando logo na largada. A principal informação que norteava o processo de contratação era o "bom e velho currículo". Tudo que se coloca em um currículo é "tempo de experiência, cursos e formações técnicas". Ou seja, eu focava a parte técnica e ignorava a possibilidade de avaliar a questão comportamental. Contratava o candidato pela experiência e três meses depois o demitia por dificuldades comportamentais. Após isso, mudei a estrutura e a metodologia de seleção de talentos. Hoje focamos 90%

---

[3] 9 EM cada 10 profissionais são contratados pelo perfil técnico e demitidos pelo comportamental. **G1**, 18 set. 2018. Disponível em: https://g1.globo.com/economia/concursos-e-emprego/noticia/2018/09/18/9-em-cada-10-profissionaissao-contratados-pelo-perfil-tecnico-e-demitidos-pelo-comportamental.ghtml. Acesso em: 23 mar. 2025.

do processo em questões comportamentais e 10% em experiências técnicas. Essa pequena inversão deu um salto em nossa cultura.

Na High Leader, explico cada etapa do processo e vou resumir aqui. Vale reforçar que a técnica é importante, mas menos do que a comportamental. Por quê? Se a vaga não é para profissionais que precisam legalmente de algum tipo de certificação para trabalhar, como CRM para médicos e OAB para advogados, então a parte técnica pode ser ensinada. Valores e atitudes do profissional, não.

Sei que deve estar curioso sobre como funciona o processo na prática. Imagine que você precisa caçar borboletas (que são os bons colaboradores). Como você faria? Provavelmente, pegaria uma rede e as caçaria. Acertei? E se eu dissesse que existe um jeito mais eficiente de fazer isso? Em vez de sair com uma rede na mão, você monta um belo jardim e espera dezenas delas aparecerem. É mais inteligente, não é?! Traduzindo a analogia para o mundo dos negócios, se você quiser competir pelos melhores talentos, deve se esforçar para deixar a empresa atraente para o mercado.

Para essa ideia ficar mais viável, imagine que você precisa de um vendedor e divulga os requisitos para a vaga. Algo como: "Procura-se vendedor com três anos de experiência em vendas de serviços de alto custo. Pré-requisitos: formação superior, boa comunicação e inglês fluente. Benefícios: salário + comissão de vendas". Pensando na lógica das borboletas, qual é o problema desse formato? São milhares de empresas fazendo exatamente igual!

O profissional olha a oportunidade e sabe que existem mais trinta iguais (no mínimo) para se candidatar. Naturalmente, dará mais atenção ao principal diferencial: salário. Aí mora o problema: as vagas acabam virando leilão, e os melhores vão para as empresas que podem pagar mais. Porém, se a sua vaga se destaca no meio da multidão, algo incrível acontece. O salário não é mais o principal fator, e sim a oportunidade de trabalhar em uma empresa diferente e incrível.

Quer ver a diferença?

DESCRIÇÃO DE VAGA | *HIGH LEADER*

A High Leader está começando um sonho do absoluto zero. E temos uma jornada longa e incrível. Juntos, vamos mudar o *statu quo* de liderança no Brasil. Não importa a sua experiência. O que importa de verdade é o seu inconformismo e apetite para construir um legado com um propósito pelo qual faça sentido levantar todas as manhãs. Esse é o primeiro passo para o time de notáveis talentos que vamos formar.

Se algo neste texto fez sentido para você, já pode se considerar "diferente". Nunca seremos uma empresa tradicional, tampouco uma empresa "padrão". Vamos nos basear na jornada de personalidades notáveis acrescentando o nosso DNA. Quer fazer parte disso? Então estamos ansiosos para conhecer você.

Venha construir esse sonho conosco.

Responsabilidades: atender e superar as metas de vendas, prospectar e desenvolver oportunidades, construir contatos e estabelecer relacionamentos de longo prazo com clientes.

Qualificações: ter vontade de crescer e se desenvolver.

Reflita: qual foi a sensação que você teve ao ler essa oportunidade? Não deu vontade de saber mais sobre a empresa? É assim que buscamos o nosso time no mercado, pois com isso nos destacamos e nos tornamos mais competitivos. E, principalmente, escolhemos falar com os *valores* das pessoas, e não com o *currículo* delas. Isso faz muita diferença na formação de uma cultura forte, sendo o fundamento que vai sustentar a sua empresa.

Afirmo que a esmagadora maioria dos empreendedores que enfrentam problemas com equipes tem cultura fraca. Cultura não é uma parede pintada na cor da moda e com frases bonitas. A cultura é o que o seu time faz quando você não está lá. Essa eu aprendi com o Jotapê, fundador da Hotmart. E saiba que todas as empresas têm uma cultura, a diferença é que algumas foram criadas intencionalmente e outras de modo acidental. Se você nunca pensou no tema, sinto informar, mas provavelmente a cultura da sua empresa é acidental.

Depois que entendi todo esse lance, a minha vida mudou muito – e para melhor. Lembro-me de quando começamos o Partners, a minha última empresa, e pensei: *Dessa vez vou cuidar das pessoas, serei obcecado por isso*. No fim, tornou-se uma grande estratégia, e em pouco tempo tínhamos uma equipe muito forte, composta de jovens talentos e faturando múltiplos de sete dígitos com margens altas em um negócio escalável. Fico muito orgulhoso de contar isso. Não foi fácil, é fato, mas no fim a conta fecha!

Ao direcionar os vetores da sua empresa para construir um time forte, você ainda não vai ter o mapa completo do sucesso, mas terá metade dele. Sabe qual é a outra metade? O modelo do seu negócio.

MODELO DE NEGÓCIO

Não adianta ter o melhor time se o seu modelo de negócio for ruim. Imagine ter a sorte de contratar Pelé, Maradona, Messi, Cristiano Ronaldo e Neymar para jogar no seu time. Seria incrível, né?! Agora imagine ter todos esses jogadores disponíveis, mas para jogar em um time de basquete. Acredito que entendeu a pegadinha: não adianta ter os melhores no lugar errado, onde o talento deles não serve para nada.

Se eu ganhasse um dólar cada vez que ouço "o meu time não tem capacidade, é muito 'júnior', não tenho dinheiro para contratar bons colaboradores", estaria rico. Mas será que isso faz sentido? Neymar foi negado em 32 peneiras. Cristiano Ronaldo foi negado pelos maiores clubes do futebol. Muitas vezes, você tem o próximo Neymar ou Cristiano Ronaldo dentro da empresa hoje, mas não consegue enxergar isso. Uma das maiores forças que move qualquer pessoa é a "ambiência", ou seja, o ambiente em que está inserido define como você vai se comportar, o que significa que as pessoas com quem andamos e os ambientes que frequentamos dizem muito sobre quem somos. Na empresa funciona exatamente igual, afinal todas são feitas de pessoas.

Uma dica valiosa: antes de dizer que o seu time não serve ou qualquer coisa assim, se pergunte: "A minha empresa é o melhor lugar para despertar talentos? Tenho uma cultura de que me orgulho? Se eu trabalhasse na minha empresa, gostaria de fazer carreira nela?". Se você respondeu pelo menos um "não", sinto muito, mas você tem que fazer a lição de casa. O conselho que dou é: "Seja apaixonado por empreender, e não pelo seu negócio". Isso é sério! Caso contrário, você terá uma vida muito difícil, porque pessoas apaixonadas muitas vezes ficam "cegas" e ignoram informações e conselhos importantes.

Um bom negócio deve entender que mobilidade e velocidade de adaptação a mudanças são habilidades fundamentais. Até porque o mercado muda de uma maneira absurda e em curto espaço de tempo. Hoje, você está por cima, mas amanhã pode ter sido engolido. Gosto muito da teoria que diz que não será um concorrente do seu mercado que o matará, e sim uma empresa de outro nicho.

Por isso ser apaixonado não é suficiente. Um empreendedor que ama empreender é capaz de matar o próprio negócio para criar algo melhor e mais impactante. Ele ama o jogo, e não o time. A coisa flui diferente.

Avançando, quero explicar algo e peço muita atenção, pois demorei anos e investi milhares de reais para aprender isso. Os pontos mais importantes para evitar a mortalidade nos primeiros dez anos dos negócios são:

- Tenha a maior distribuição do seu setor.
- Cultive o maior e melhor exército de vendas.
- Seja o melhor modelo. De preferência, algo escalável, com margens acima de 60%, diversas fontes de receita, cultura forte e um propósito que conecte as pessoas.

Isso muda tudo! Gabaritar a lista não é fácil, mas é possível. Se tiver todos esses ingredientes no negócio, ninguém vai segurar você. O que vejo, em contrapartida, são empreendedores que se orgulham de ter um ou dois tópicos da lista e acreditam que já venceram o jogo. Para alguns pode parecer básico, mas jamais desdenhe do simples. Afinal, o simples bem-feito é muito complexo de ser executado.

Então, convido você para um jogo de longo prazo. Se o seu objetivo é construir um negócio que atenda a todos esses requisitos, você vai precisar empreender com resiliência. Se eu consegui, qualquer um consegue. Desde que entendi essa fórmula, direciono todos os negócios que crio para que atendam a essa lista.

Por isso, tenha pressa para começar, mas não para ter resultado. Mire na lista e depois plante com paciência e consistência. Quando a colheita chegar, você vai colocar a mão no seu ombro e dizer para si mesmo: "Good job". A partir daí, fará parte dos 1% de improváveis empreendedores que fizeram o impossível.

THIAGO FONSECA é empreendedor, estrategista de negócios e fundador do movimento High Leader. Com mais de quinze anos de experiência, construiu negócios de múltiplos de sete dígitos e desenvolveu um método para formar líderes que escalam empresas e as tornam independentes do fundador. Acredita que a liderança não está relacionada cargos, e sim a inspirar, desafiar e transformar. Tem uma missão clara: ajudar empreendedores a saírem do caos operacional e construírem negócios sólidos, lucrativos e duradouros. Se você quer crescer, evoluir e jogar o jogo do 1%, já faz parte desse movimento.

@o.thiagofonseca   Thiago Fonseca   Diário de um Líder

ARTHUR RUFINO
FOTO © BRUNNO RUÍDO

EMPREENDER SEM GLAMOUR: CLAREZA E CORAGEM PARA CRESCER DO SEU JEITO

Você, que está lendo este capítulo, talvez nem se reconheça como empreendedor. É bem possível que a sua empresa seja "comum" – não é startup, não está na mídia, não tem glamour nenhum. É um negócio de trabalho duro, correria e boletos que precisam ser pagos. Mesmo assim, tenho certeza de que você carrega uma dor silenciosa: a sensação de estar sempre um passo atrás dos concorrentes.

Você trabalha dobrado, mas vê a concorrência crescer enquanto sente o seu próprio faturamento estagnado. A maior dor não é só a falta de crescimento, mas a solidão de tomar decisões sem ter com quem dividir as dúvidas. Quando busca soluções, só encontra receitas prontas, cheias de termos que não cabem na sua realidade. Aí vem a vergonha de não dominar esses conceitos e o questionamento: "Será que sou eu que estou errado?". Saiba que não é.

Essa angústia ultrapassa o CNPJ. Ela atravessa a sua casa, arruína o sono e estraga até o almoço de domingo. O mercado vende mágica: "dobre seu faturamento em 30 dias". Quando não funciona, sobra culpa e você é rotulado de "ultrapassado". Isso não é frescura – é um sinal de alerta. Cada dia apagando incêndio, sem clareza e sem apoio, rouba mais do que dinheiro: rouba sua paz, seu orgulho e a confiança no seu próprio negócio.

Como resolver? Em vez de fórmulas milagrosas, você precisa de um plano tático simples, sem glamour, sem "inovação" vazia, mas baseado em clareza e ações práticas.

Muito provavelmente você sente falta de dormir tranquilo, de olhar para sua empresa com orgulho e de acreditar que o futuro está em suas mãos. Se não enfrentar isso agora, o cansaço vira esgotamento, a vergonha vira medo de tentar, e você pode acabar desistindo de um sonho que já deu certo por tanto tempo.

Mas o problema não é você: é essa ideia distorcida de que só "empreendedor de verdade" quem aparece em evento ou tem tecnologia de ponta. Empreender sem glamour também é empreender com valor. Vi essa realidade de perto, dentro da minha família e em dezenas de empresas reais. Por isso escrevo este capítulo, para mostrar que resiliência vale mais do que glamour. Para você, inovar é sobreviver com dignidade, sem pedir desculpas por ser comum?

A DOR QUE VAI ALÉM DA EMPRESA

Se você sente que corre atrás, mas nunca alcança o que importa, saiba: você não está sozinho. Quem vive nesse ciclo conhece bem a frustração e a culpa:

- Frustração por ver o negócio travado, sem saber como destravar.
- Culpa por achar que o problema é você, por achar que deveria acertar sempre.

É um peso que mora no peito, rouba a alegria de tocar o próprio negócio. Sem resolver essas questões, cada dia vira só sobrevivência. Você aguenta, mas não vive. E, com o tempo, nasce um pensamento perigoso: "talvez eu não sirva para isso". Essa não é a verdade. Eu conheço essa dor porque já senti na pele. Vim do mesmo chão que você e sei o que é empreender sem manual.

Mas quero que saiba uma coisa: o problema não é você. Empreender no Brasil não é só vender bem ou ter ideias brilhantes – é sobreviver em meio a impostos, burocracia e um mercado que muda o tempo todo, e você foi empurrado para esse jogo sem que explicassem as regras de como avançar.

Além disso, a cultura pesa: aqui, quem tem empresa "comum" é visto apenas como trabalhador esforçado, não como empreendedor de verdade. Só recebem aplausos os cases famosos. Isso gera uma sensação de não pertencimento, e ninguém ensina que pedir ajuda é, na verdade, um passo de coragem.

E pior: tentam convencer você de que só existe um jeito certo de crescer – aquele que nunca foi feito para a sua realidade.

A realidade é uma só: quando você para de se comparar com modelos que não se encaixam na sua realidade e passa a respeitar sua própria história, descobre que já tem dentro de si o que precisa para crescer de verdade.

Cada dia perdido tentando se encaixar em um molde que não é seu é um dia a menos construindo seu próprio caminho de sucesso. Quero entregar a você a transformação de voltar a ser protagonista da sua empresa – sem vergonha de ser comum e com orgulho da sua resiliência.

Para sair da roda-viva de apagar incêndio e construir um caminho de crescimento real, você precisa de um plano tático, simples e direto. Sem enrolação e sem fórmulas mágicas, composto apenas de dois passos.

PASSO 1:
FAÇA AS PAZES COM A SUA REALIDADE

Antes de planejar qualquer mudança, pare de se comparar. Seu negócio não é startup, seu cliente não é investidor, seu mercado não é o das grandes corporações – e está tudo bem.

1. Pegue um caderno e responda:
- O que você faz bem?
- O que seus clientes mais valorizam?
- Qual é seu maior desafio hoje?
2. Olhe para sua empresa com honestidade. Sem isso, você planejará para o negócio dos outros, não para o seu.

PASSO 2: ENCARE SEUS NÚMEROS DE FRENTE

Você não precisa ser contador, mas precisa saber se sua empresa dá lucro de verdade.

1. Levante: faturamento, custos fixos, custos variáveis e dívidas.
2. Organize esses dados de forma clara.
3. Faça a fotografia real do seu caixa.

Quem tem medo de olhar para o próprio fluxo de caixa vira refém do negócio.

Esses dois passos são a base do Desmanche Criativo: desmontar sua realidade para identificar o que funciona, o que precisa de conserto e o que pode ser reaproveitado com mais valor.

O EXEMPLO DA MINHA FAMÍLIA

Vi o poder desse método em casa, no desmonte da empresa da minha família. Meu pai tocava o negócio com garra e intuição, mas sem clareza nos números e sem enxergar o valor real da operação. Passamos anos copiando soluções que não se encaixavam no nosso jogo.

Quando a crise de caixa nos obrigou a olhar cada número, ficou claro que o negócio não era inviável – estávamos apenas decidindo por achismo e comparações feitas com modelos alheios.

Fizemos as pazes com quem éramos e montamos um plano do nosso jeito. Paramos de tentar ser algo que nunca fomos e começamos a valorizar o que já tínhamos. A empresa sobreviveu e hoje é referência nacional. E você pode fazer o mesmo com o seu negócio.

Sei que você já superou muito. Seria injusto parar agora. Colocar em prática esses dois passos não é só melhorar a empresa – é resgatar o orgulho de quem você é e de tudo o que construiu. Então lembre-se:

- Respeite sua trajetória, mas não se prenda ao passado.
- Assuma o comando da sua história.
- Use clareza e coragem, não fórmulas mágicas.

O impossível que você busca pode estar escondido no simples que você já faz. Sua história merece um futuro escrito por você. E ele começa hoje.

ARTHUR RUFINO *é empresário, mentor e autor do livro* Inovação para não inovadores, *publicado pela Editora Gente. Filho de sucateiro e criado em empresa familiar, viu de perto o desafio de empreender sem glamour. Transformou o negócio da família com ações práticas e hoje ajuda empresas "comuns" a crescer sem copiar ninguém e com orgulho de ser simples.*

@arthurrufino @arthur.rufino Arthur Rufino

OZANA RAMOS
FOTO © ANIEL MUSA

20
DIÁLOGO NAS REDES: CADA PALAVRA IMPORTA

Três palavras: *escrita de relacionamento*. Talvez você ainda não saiba o que é, mas garanto que pode ser um diferencial em seus próximos diálogos. Tenho certeza de que você se lembrará do que vou falar! Então, imagine que neste momento pego o controle, volto a cena de um filme e enxergo uma menina de 9 anos. Esse foi o momento em que comecei a prestar atenção na importância que a escrita poderia ter nos relacionamentos. E quero contar isso com uma breve história.

Sou mineira, filha de lavadeira e vendedor de bilhetes de loteria. Ainda quando eu era criança, meus pais faleceram, e aos 8 anos fui morar em Brasília, cidade na qual fui adotada. Minha nova mãe, professora, era também muito temida pelos alunos, o que gerou duas consequências para mim. A primeira delas, que costumo falar que é o "lado bom", vinha do incentivo ao estudo, uma vez que a rigidez me deu oportunidades que talvez eu não teria. Já a segunda, ou o "lado ruim", foi que essa rigidez continha algum grau de amargura, o que fez dela uma pessoa de difícil comunicação verbal com todos da família. Tinha crises de ausência e silêncio que a faziam brigar e permanecer trancada no quarto por um ou dois dias. Ela foi considerada, por muitos anos, uma "pessoa difícil", porém, mais tarde, cogitou-se até mesmo que essa característica pudesse representar algum grau de psicose. O meu novo pai, por outro lado, era alcoólatra e não podia ajudar quando ela dizia que estava certa e não queria escutar ninguém.

Em uma dessas crises, lembro-me de que fiquei sentada em frente à porta fechada do quarto e resolvi escrever pequenos bilhetes com palavras soltas. Quando terminava de escrever, passava o bilhete por debaixo da porta e aguardava uma resposta. Em alguns momentos nada acontecia, mas eu insistia e começava a mudar as frases, até que algumas davam certo e ela finalmente abria a porta.

Com isso eu sempre escrevia bilhetes quando achava que falar não era mais suficiente. Foi nesse lugar e espaço, nesse tempo, que comecei a entender que a escrita poderia me ajudar muito na vida. E foi o que aconteceu! Na escola, quando algum colega falava que não estava conseguindo convencer a mãe, o pai ou o irmão de algo, eu dizia: "Escreva um bilhete!". Se eles não sabiam como fazer, eu ensinava. Então logo comecei a ser conhecida como a "menina que escrevia bilhetes".

Me formei em turismo, mas a escrita se manteve constante. Algum tempo depois, percebi que essa força que havia desenvolvido ainda muito nova era algo que poderia me levar além. Foi assim que, em 2010, abri uma central de atendimento que comercializa os eletrodomésticos de uma das maiores marcas do país via internet. Desde que a empresa foi criada, validei as estratégias de comunicação que ao longo dos anos estudei e pratiquei. No fim das contas, a filha da lavadeira sente muita emoção ao poder falar que vende anualmente milhares de máquinas de lavar em todo o Brasil, assim como outros eletrodomésticos.

Mas o que a escrita tem a ver com isso?, você pode estar se perguntando, e eu respondo: tudo! A escrita de relacionamento foi o que descobri como um dos meus maiores prazeres da vida, e hoje treino pessoas para que elas desenvolvam essa habilidade também. Até porque, com o crescimento das redes sociais, os diálogos com o cliente passaram a ser mais escritos do que falados. Foi um processo natural, porém muito rápido, e hoje é uma questão de sobrevivência entender o processo de fluxo de atendimento.

Nas vitrines das redes sociais, os índices de reclamações expostos deixam claro como a comunicação malfeita abre espaço para a dúvida e incerteza.

Quem nunca foi invadido com um "bom dia" de alguém que nunca viu na vida? Ou recebeu um áudio de cinco minutos com uma simples proposta de valor? Ou, ainda, quem já viu um produto no Instagram, fez um comentário e recebeu uma resposta incompleta ou ficou sem ela? Tudo isso é muito comum.

E as perguntas que ficam são: quando e como responder por áudio ou voz? Há alguma estratégia para diálogos escritos? Você até pode achar que respostas automáticas bastam. Chatbots, IA e sistemas de integração são um caminho sem volta, é claro, mas eles não são tudo. Não fazem parte da estratégia completa e, quando utilizados, devem ser alimentados de modo correto. Há de se pensar no fator humano sempre! É preciso entender o fluxo desse atendimento e saber que cada palavra e cada frase têm o poder de transformar diálogos iniciais em relacionamentos duradouros.

Assim, em um mundo cada vez mais conectado, saber se expressar pela escrita com o outro tornou-se primordial. Algo que acelerou ainda mais esse processo foi a pandemia. Pessoas em casa, tendo que se comunicar, adquirir produtos, reclamar apenas por meio de aplicativos, celulares ou de uma tela de computador. Havia ali diferentes perfis: pessoas que não estavam acostumadas a acessar a internet, outras que sabiam um pouco e as que já estavam ambientadas. Como entender, comprar, mostrar as frustrações ou as alegrias com algo ou algum objeto em um mundo bem ali na frente? Era tudo muito novo para ambos os lados: para quem procurava o produto e para quem fazia o atendimento. Para este último, restou correr atrás, atualizar-se e aprender estratégias tecnológicas para satisfazer a demanda de novos consumidores.

Simplesmente responder com um áudio não supria as necessidades de todos os canais de atendimento naquele momento. Longas demoras no atendimento e exposição de muitas marcas, tanto nas redes sociais como em canais de reclamação como o Reclame Aqui, se tornaram rotina. O consumidor, já atento às modificações do sistema de comunicação, protestava explicitamente. Um bom diálogo escrito, portanto, poderia conquistar, conter a insatisfação e solucionar problemas de maneira breve. Foi o que fez diferença para quem entendeu aquilo naquela época e ainda faz. Saber se expressar na escrita com estratégia é a grande sacada!

Isso tudo porque o cliente está conectado. Qual é o poder desse tipo de cliente? Qual é a expectativa dele? Ele está feliz ou sente que está perdendo tempo quando uma solicitação não é atendida? E você, como marca, o que realmente deseja na sua comunicação? São dois pesos e duas medidas, e o que acontecerá depois pode gerar desdobramentos positivos ou não. Para entender melhor isso, basta se olhar no espelho. Você também é cliente desde que nasceu! Vivemos em um mundo no qual o atendimento ao cliente é um processo vivo, em constante evolução. E precisamos fazer esse exercício não apenas de troca de lugar, mas de se reconhecer por experiências passadas ou a viver.

Pensando nisso, o que todos nós queremos com a rotina louca que temos? Não queremos perder tempo. Não queremos ter o nosso tempo desperdiçado quando precisamos comprar um produto ou entender sobre um serviço. Quantas vezes abandonamos carrinhos de compra porque não entendemos o processo, fazemos uma pergunta que não tem resposta ou somos abordados de maneira invasiva por alguém?

Por outro lado, quantas vezes interpretamos mal o que o outro quer? Quantas vezes nos irritamos, ouvimos brevemente, sem escutar de fato o que é dito e levamos para o pessoal algo que não é? Quantas vezes damos resposta em duelo de ego? Quantas vezes estamos exaustos por parecer que oferecemos tanto e mesmo assim ficamos sem resposta do cliente? O que será que está por trás de cada palavra não lida ou não dita, de cada vírgula, de cada "não" ríspido, de cada "ok" interpretado como um ponto-final? É muito difícil entender as entrelinhas, eu sei, mas veja o diálogo como uma dança e, inicialmente, apenas escute o compasso. Como? Em primeiro lugar, entendendo o contexto do modo como vivemos e nos comunicamos.

O mundo está acelerado, temos multitarefas para realizar e já sabemos de cor que não temos tempo a perder. Quem procura por um atendimento deseja que a resposta seja completa, sem que isso comprometa o dia. Se queremos um boleto, por exemplo, precisamos que isso aconteça em poucos cliques, mas, se surge uma dúvida e não há ninguém para esclarecer, o que fazer? Se o texto pronto não entendeu o que eu queria, o que fazer? Em geral, o cliente pensa: *será que vou ter que ligar? Poxa vida, será que tem um humano para me atender e dar uma resposta a minha pergunta?*

O grande problema reside no fato de que a revolução tecnológica atingiu em cheio a todos nós, e com o setor de atendimento ao cliente não foi diferente. O mundo mudou muito em trinta anos. Pense comigo: há quinze anos, como você fazia para tirar fotos? Como telefonava quando estava fora de casa? Como encontrava o número de telefone ou endereço das pessoas? Como assistia a filmes? Como lia as notícias? E agora, como tudo isso é feito?

Hoje uma das maiores distribuidoras de filmes não é dona de cinema, falo da Netflix. O Nubank, que é um dos bancos que mais cresce no mundo, não é físico. O maior dono de mídias não faz conteúdo, veja as redes sociais. O maior provedor de acomodações não possui propriedades, e assim temos o Airbnb. O Uber, que é a maior central de táxis, não possui veículos. O canal de atendimento das empresas não é o 0800, não é a loja física. Tudo mudou. Mas e a nova geração precisa saber disso ou já é passado? Saber a história é fundamental e ainda mune de conhecimento para dialogar com quem passou por ela. Obviamente que a melhor forma de se comunicar sempre será a voz humana, mas a escrita é fundamental na era digital. Facebook, Instagram, WhatsApp, ChatGPT e Reclame Aqui são alguns dos canais para o cliente solicitar respostas, comprar ou se manifestar. Diálogos escritos imperam na maior parte da comunicação nessas plataformas e em todo processo de compra. Uma palavra mal colocada, um vácuo ou uma entonação de frase fazem toda a diferença para encantar ou encerrar a conversa.

Portanto, falando de vendas e relacionamento com o cliente, de que adianta uma boa campanha para atrair se quando ele chega você não sabe dialogar por escrito? Percebo que esse é o motivo pelo qual muitos relacionamentos terminam e não podemos mais ignorá-lo. Então zere o que determinou e siga no caminho de entender que cada palavra importa. Que cada frase tem início, fim, modulação e tamanho que podem encantar ou entediar quem lê. No relacionamento com o cliente, a escrita é uma aliada.

Engana-se quem pensa que basta saber escrever para ter um bom relacionamento com o cliente nas redes sociais. Antes de tudo, é preciso entender o perfil no momento da *chegada* e qual é o *nível de interação* de quem está ali. Essas características não podem ser atribuídas a uma só pessoa durante todo o percurso, até porque mudamos a conduta ou também reunimos várias emoções ao mesmo tempo. Tudo pode mudar!

Lembrando que ora somos clientes e ora somos marcas. Assim, precisamos em primeiro lugar saber identificar alguns perfis, para entender o nível de interação e o que poderá ser feito a partir disso. Com essa decisão em mãos, é hora de partir para os próximos passos.

PREPARE-SE!

Em todas as situações de relacionamento com o cliente, a orientação é a mesma: acolher, escutar e solucionar. Certo? Contudo, devemos considerar que o atendimento nas redes sociais nasce junto com a página criada. Se ela é pública, quem vai definir por onde falar será quem a acessa. Por isso, é importante frisar a importância de se preparar e deixar tudo claro! Para isso é primordial:

- **DEFINIR O FLUXO NOS CANAIS DE ATENDIMENTO:** horários, contatos, o que será público e privado, o que será automatizado e unificado por meio de sistemas multicanais. Deixe tudo claro, mas lembre-se: o cliente deve ser atendido onde acessar, inclusive nos comentários. Se for necessário fornecer informações detalhadas ou confidenciais, conduza-o para o atendimento privado.
- **TER UM BANCO DE INFORMAÇÕES:** com dados, fotos, informações sobre os produtos, frases prontas, perguntas e respostas de alta frequência e textos automatizados de ausência. Para surpreender, personalize, sempre pergunte, complete frases e leia as entrelinhas.

DIÁLOGOS DE VOZ

É evidente que a voz é o fator humano de maior relevância na comunicação. Esse é um ponto em que todos concordam, afinal, áudios conectam e ajudam a detalhar algumas situações. Mas qual é o limite para que essa prática de enviar áudios não seja considerada invasiva e entediante?

Vamos considerar alguns pontos: no atendimento pelas redes sociais, áudios devem ser usados com estratégia, e há fatores que devemos considerar para entender isso. Tais como o tamanho da mensagem, a entonação, o lugar onde a pessoa está e o fato de que a aceleração é um caminho sem volta. Ou seja, o risco de esse áudio não ser escutado da forma como você gostaria é grande!

Já presenciei um fluxo sendo seguido quase à risca, se não fosse o tom de ironia no fim das palavras. Exemplo claro de conversa passivo-agressiva dos dois lados, sendo impulsionada como se tivesse nitroglicerina pura na composição, algo que não levaria a um bom final.

Uma sugestão boa de comunicação no WhatsApp, por exemplo, é escrever uma pequena frase antecedendo o áudio. Isso aguça a curiosidade em abri-lo. Mas, é claro, envie áudios curtos e, se precisar de mais tempo para completar a explicação, fragmente-os. Use-os com moderação quando achar necessário, no entanto faça de modo que não sejam o abre-alas quando o diálogo mal começou.

DIÁLOGOS ESCRITOS

Assim como a voz, a escrita necessita estratégia para ser vista de maneira clara. O fator *tempo* exige entendimentos mais rápidos e, mais do que nunca, é preciso pensar no público que vai até as redes sociais. Isso é fundamental para que empresas e profissionais liberais tenham sucesso em vendas.

A Linguagem Simples é uma estratégia de comunicação que considero fundamental nos diálogos com o cliente. Ela prioriza a objetividade, a clareza e a inclusão, visando a compreensão com empatia. É importante lembrar de que não se trata de linguagem informal, já que segue as normas gramaticais.

Muito além de um conjunto de técnicas, a Linguagem Simples é um movimento que surgiu na década de 1940 na Inglaterra e hoje é utilizada em muitos países. Aqui no Brasil, Heloísa Fischer, que é jornalista, empresária e educadora, atua no campo da Linguagem Simples desde 2016, sendo uma das precursoras da expansão desse movimento no setor público.[1,2]

---

1 O QUE é linguagem clara? Plain Language Association International. Disponível em: https://plainlanguagenetwork.org/plain-language/o-que-e-linguagem-clara/. Acesso em: 22 maio 2025.
2 COMUNICA SIMPLES. Disponível em: https://comunicasimples.com.br/. Acesso em: 22 maio 2025.

Então perceba: não se trata de linguagem informal! Uma comunicação é simples quando quem lê o que você escreve entende a sua mensagem de modo fácil, sem precisar reler o texto várias vezes ou pedir explicações. Sou pesquisadora desse movimento, acompanho os benefícios que ele proporciona em diversos setores e o aplico como uma das técnicas de atendimento ao cliente.

Assim, para colocar esse movimento em prática, antes de escrever, pense no outro, afinal somos pessoas lidando com muitas emoções ao longo do dia. Quem está do outro lado perguntou algo para externar uma alegria ou quer reclamar de algo que não gostou? **Tente decifrar as entrelinhas e então pense no seu objetivo de escrever de volta.** Guarde essa orientação!

Além disso, **seja inclusivo**. Use pronomes como "você", "nós", "seu", "nosso". **Divida as frases em blocos**, fracione. Textos sem espaços podem entediar e correm o risco de não serem lidos. **Use títulos e subtítulos** para salientar algo que é importante. **Evite caixa-alta**; ela é usada apenas de modo estratégico, em demasia, dá a impressão de que a pessoa está gritando. **Use palavras habituais** e, se eventualmente precisar utilizar uma sigla, um termo técnico, uma palavra em outro idioma, explique na sequência. **Use verbos na ordem direta** e **empregue frases e palavras curtas** (a Linguagem Simples sugere que a frase tenha entre 20 e 25 palavras).

Não use palavras pejorativas, apelidos e nada que possa discriminar. **Evite palavras negativas**, principalmente no início das frases. E atente ao **tom das palavras**, pois um monossílabo como um "ok" jogado em um fim de frase pode tanto significar aceite como descaso.

Isso sem contar os emojis. Se nos aprofundássemos sobre alguns emojis como o "joinha", teríamos que estender o capítulo para falar das emoções. Mas vale reforçar que **não há regras engessadas no que tange a enviar emojis**, porém é preciso ter bom senso e objetividade com empatia. **Sempre que possível, releia o que escreveu se colocando no lugar do cliente** antes de apertar a tecla para enviar a mensagem. Lembre-se de que estabelecer um diálogo nas redes sociais é o primeiro passo para conquistar o seu cliente. Esses são pontos simples, mas que fazem toda a diferença na escrita de relacionamento.

No fim, para fazer um bom atendimento, é preciso sair da caixa, aprender formas de se comunicar e manter sempre a humanidade. Essa é a escrita de relacionamento e a importância dela. Não me refiro apenas a pessoas, incluo mensagens robotizadas e muitas vezes coladas em espaços que não deveriam ocupar. E é unânime nos diálogos falados ou escritos: escute, acolha, pergunte, não invada, informe e comunique-se para ser entendido.

Palavras não apenas encostam, elas podem grudar em alguém. Sabendo disso, você sempre procura escolher as melhores para falar e escrever? A partir de agora, desejo que você faça isso cada vez mais!

OZANA RAMOS *é escritora, roteirista, empresária, palestrante e mentora de comunicação escrita para clientes. Há 15 anos fundou a Efábrica - Central de Atendimento Facilitadora, que comercializa produtos de uma das grandes marcas de eletrodomésticos do país. Escreveu o livro Deslumbrada: onde você escondeu o seu gostar? (Editora Ofício das Palavras, 2021), que traz reflexões sobre as diversas emoções que vivemos em nossos relacionamentos.*

@ozanaramoss

LUA TRINDADE
FOTO © BIANCA BRITO

21
EXPERIÊNCIAS QUE ENCANTAM E FIDELIZAM

Em um mercado competitivo, negócios que não criam experiências memoráveis perdem clientes e correm o risco de falir. Hoje, não basta ter um bom produto; é preciso integrar tecnologia, humanização e propósito para gerar conexão e diferenciação. Essa necessidade, por outro lado, traduz muitas vezes a frustração de tentar crescer sem resultados e sentir-se ultrapassado. Ou seja, sem um método estratégico para criar experiências que encantam e fidelizam, é possível sentir-se estagnado ao ver concorrentes e perceber-se enfrentando dificuldades financeiras sem saber o que fazer para melhorar essa situação.

Atualmente, percebo que o maior problema dos negócios se resume à dificuldade em transformar ideias em negócios viáveis e diferenciados. Muitos empreendedores, especialmente fora dos grandes centros, enfrentam a falta de conhecimento estratégico e de valorização do potencial local. E em um mundo repleto de estímulos, destacar-se exige mais do que estar presente no digital: é preciso criar experiências memoráveis e conectar todos os pontos da marca.

Por outro lado, a principal dor é a frustração de não crescer de modo sustentável, impactando a vida, a motivação, as finanças e as relações do empreendedor. Indigna-me ver talentos desistindo por falta de direcionamento e negócios resistindo à inovação, sem entender que a verdadeira diferenciação está na experiência. Esses empreendedores, presos nesse dilema, frequentemente vivenciam uma profunda frustração ao verem os esforços de inovação se esvaírem sem resultados e sentem uma insegurança constante em relação à sustentabilidade do negócio.

Muitos se sentem exaustos, com noites maldormidas e ansiedade ao perceberem que, apesar de tanto esforço, a marca não se destaca em meio a tantas possibilidades e estímulos. O custo emocional de não resolver esse problema é imenso: a perda de autoconfiança, o estresse diário que afeta relações pessoais e familiares e, na prática, a queda nas vendas e a eventual falência do empreendimento.

Esses fatores, pode-se perceber, acontecem porque nunca aprenderam a criar experiências estratégicas e veem a inovação como algo distante. No interior do Nordeste, por exemplo, a falta de referências locais e de acesso a conhecimento estruturado gera insegurança sobre como se diferenciar. Outros fatores culturais agravam esse cenário, é claro, pois o empreendedorismo nem sempre é valorizado, e a pressão familiar por caminhos mais "seguros" dificulta a inovação. E o que impede de resolver esse problema é a falta de um método claro para integrar tecnologia, humanização e propósito, tornando os negócios realmente memoráveis. A consequência direta é a exaustão, a perda de investimentos e, muitas vezes, o encerramento do negócio.

Com o Círculo de Ouro da Experiência, porém, quero trazer a chave para reverter esse cenário e garantir crescimento sustentável. Aplicando-o, será possível integrar tecnologia, humanização e propósito para gerar um impacto real. Negócios inesquecíveis não vendem apenas produtos, mas criam experiências que tocam, surpreendem e permanecem, pois quando tecnologia, humanização e propósito se encontram a mágica acontece.

Para se destacar, é preciso ir além do óbvio e transformar cada interação em um momento marcante. Em um mundo de tantas opções, as marcas que conquistam clientes não são aquelas que apenas oferecem algo, e sim as que fazem os clientes *sentirem* algo. E é aqui que o Círculo de Ouro da Experiência entra. Ele ensina a unir inovação e conexão humana para fidelizar. Quando aplicado com consistência, transforma negócios em referência, pois o diferencial não está no que se vende, mas sim em como as pessoas se sentem com o que foi vendido.

Para crescer de modo sustentável, portanto, é essencial unir tecnologia, humanização e propósito, garantindo que a experiência do cliente envolva todos os pontos de contato. Para isso, sugiro seguir dois passos fundamentais.

PASSO 1:
MAPEIE E FORTALEÇA OS
SEIS PILARES DA EXPERIÊNCIA

No Círculo de Ouro da Experiência, avalie se a sua marca entrega uma jornada fluida nos seis pilares. São eles:

1. Físico (ambiente e apresentação).
2. Digital (presença on-line).
3. Branding (identidade e posicionamento).
4. Atendimento (conexão humana).
5. Vendas (persuasão).
6. Sensorial (emoções e memórias).

Com isso definido, identifique falhas e ajuste cada ponto para criar uma experiência única.

PASSO 2:
USE A TECNOLOGIA PARA
PERSONALIZAR E OTIMIZAR

Automação e IA devem potencializar a experiência sem perder a humanização. Então utilize dados para personalizar ofertas, melhorar a comunicação e prever necessidades, garantindo que cada cliente se sinta único e valorizado.

> **LEITURA BÔNUS**
>
> Se quiser ter mais insights sobre o assunto, recomendo a leitura do livro *Comece pelo porquê*,[1] de Simon Sinek, pois foi ele que me fez refletir sobre a importância de construir marcas com propósito e de criar conexões reais com o público. A mensagem se alinha ao que compartilhei aqui: não basta vender um produto ou serviço: é preciso entregar uma experiência que faça sentido para as pessoas. Se você quer aprofundar os seus conhecimentos e fortalecer a sua marca, a leitura será transformadora, eu garanto!

Foi assim comigo, e uma experiência interessante aconteceu em 2019, quando idealizei um projeto de impacto no interior do Nordeste. Na época, enfrentei o desafio de criar algo imersivo em uma região sem essa cultura. Muitos empreendedores da região não acreditavam no próprio potencial por falta de referências e acesso à inovação.

Então, para mudar isso, apliquei o Círculo de Ouro da Experiência, conectando os seis pilares que expliquei anteriormente. O pilar "físico" trouxe um ambiente inspirador; o "digital" fortaleceu a marca antes, durante e depois; o "branding" posicionou o projeto como referência; o "atendimento" garantiu acolhimento e engajamento; as "vendas" foram estruturadas como uma experiência; e o "sensorial" despertou emoções e memórias marcantes. O resultado? O projeto se tornou pioneiro na forma como abordou inovação e empreendedorismo na região, provando que, quando a experiência é bem planejada, ela transforma negócios, pessoas e mercados.

Coloque esse passo a passo em prática. Ele é essencial porque nenhuma grande transformação acontece sem ação. A experiência não está apenas no que você oferece, mas em como você faz as pessoas se sentirem, e esse é o verdadeiro diferencial para crescer e se destacar.

Não espere o cenário perfeito para inovar; comece com o que tem e aprimore no caminho. E se você pensa em desistir, lembre-se de que o impossível só existe até alguém provar o contrário. Um dia, disseram que não havia espaço para inovação por aqui — e nós provamos o contrário.

Sua jornada pode ser improvável, mas isso não significa que seja impossível. E o sucesso não depende de onde você está, e sim de como você

---

[1] SINEK, S. **Comece pelo porquê**: como grandes líderes inspiram pessoas e equipes a agir. Rio de Janeiro: Sextante, 2018.

transforma desafios em oportunidades. Cada passo que você der aplicando o Círculo de Ouro da Experiência o levará mais longe.

Agora, a escolha é sua: seguir no improvável ou torná-lo realidade? O mundo precisa da sua visão. Dê o próximo passo!

LUA TRINDADE *é palestrante, mentora e especialista em marketing de experiência. Dedica-se a transformar negócios por meio de estratégias inovadoras e experiências que geram conexão e impacto. Acredita no poder do pertencimento e das experiências para fortalecer marcas e impulsionar o crescimento sustentável.*

@luatrindade_

FERNANDA COSTABILE
FOTO © CRISTINE PUCCI

22
CRIATIVIDADE NA ESSÊNCIA

A criatividade sempre foi vista como um dom misterioso, concedido apenas a alguns poucos iluminados. Essa ideia, no entanto, não poderia estar mais distante da realidade. O que muitas pessoas chamam de "inspiração" é, na verdade, um processo estruturado, que pode ser aprendido, treinado e aperfeiçoado. Criatividade não é mágica – é método. Quando compreendemos esse método, conseguimos transformar não apenas os nossos negócios e as nossas carreiras, mas sim toda a nossa vida.

Ao longo da minha trajetória como advogada, escritora e palestrante, percebi que um dos maiores desafios enfrentados por empreendedores, artistas e profissionais de diversas áreas é a dificuldade de acessar e aplicar a própria criatividade de modo prático. Ideias surgem, mas ficam presas no campo das possibilidades. Projetos começam, mas não são concluídos. Sonhos são deixados para trás por falta de confiança ou clareza. E, no fundo, o que essas pessoas mais desejam não é apenas ter boas ideias, é conseguir implementá-las com sucesso.

O bloqueio criativo muitas vezes não acontece porque faltam boas ideias, e sim porque há uma desconexão entre o pensamento e a ação. A frustração de não conseguir colocar para fora o grande potencial criativo que há dentro de si tem solução. E aqui, nestas páginas, quero mostrar que a criatividade pode ser estimulada e direcionada, trazendo resultados concretos para a sua vida e o seu trabalho. Como? Um bom ponto de partida é falar sobre os grandes vilões da criatividade. Você já ouviu falar sobre eles?

São dois e me causam grande indignação. O primeiro é a crença de que criatividade é um dom inato, acessível apenas a alguns poucos privilegiados. Essa ideia faz com que muitas pessoas desistam de aprimorar habilidades antes mesmo de tentar. O segundo é a falta de preparo para lidar com bloqueios criativos. Em vez de enxergar a criatividade como uma habilidade treinável, muitos acreditam que a inspiração vem de maneira aleatória, o que os torna reféns da procrastinação e da autossabotagem.

Esses vilões são mitos e geram um ciclo vicioso: as pessoas acreditam que não são criativas, o que as leva a evitar desafios e novas experiências. Com isso, a criatividade enfraquece, confirmando a crença inicial de que não têm talento. O resultado? Estagnação. O impacto é direto na vida pessoal e profissional, e isso acontece porque, no mundo corporativo e no empreendedorismo, a inovação se tornou um fator essencial para o sucesso, e sem criatividade ficamos presos a processos repetitivos, perdemos oportunidades e deixamos de enxergar soluções estratégicas para desafios do dia a dia. No nível pessoal, a ausência de criatividade gera uma sensação de estagnação, frustração e baixa autoestima. Afinal, poucas coisas são mais angustiantes do que sentir que temos potencial para algo maior, mas não sabermos como acessá-lo.

A boa notícia é que essa situação pode ser revertida. A criatividade não é um mistério – é um processo. E todo processo pode ser ensinado e aprendido. Ela pode, inclusive, ser a ferramenta que estava faltando para você superar o impossível.

Se há algo que aprendi ao longo da minha jornada é que a criatividade é um dos ativos mais poderosos para quem deseja empreender e inovar. Em um mundo que exige cada vez mais diferenciação, quem domina a própria criatividade tem uma vantagem imensa.

Imagine um profissional que está sempre tendo ideias inovadoras, resolvendo problemas de modo eficiente e se destacando no mercado. Agora, imagine outro que se sente bloqueado, sem saber como inovar ou se destacar. A diferença entre eles não é talento inato – é treino.

E a realidade é que, sem criatividade, não há progresso. O mercado está em constante evolução, e aqueles que não desenvolvem a criatividade ficam para trás. Além disso, no nível emocional, a falta de criatividade gera frustração e um sentimento de incapacidade. Muitos deixam de buscar novas oportunidades porque acreditam não ter as habilidades necessárias para inovar.

Para mim, a criatividade é, portanto, a ponte entre o sonho e a realização. Mas, para atravessá-la, é preciso método, que explicarei em alguns passos a seguir.

- **PASSO ZERO: ALIMENTE A CRIATIVIDADE.** Em primeiro lugar, perceba que, se quer expandir a sua criatividade e conquistar o improvável, o passo zero é entender que criatividade não surge do nada – ela precisa ser alimentada. Como? É o que explicarei adiante.
- **PASSO 1: ESTABELEÇA UM RITUAL CRIATIVO.** Crie um espaço mental para a criatividade em sua rotina. Separe pelo menos dez minutos por dia para anotar ideias, escrever pensamentos soltos ou praticar um exercício criativo. A criatividade funciona como um músculo: quanto mais você a exercita, mais forte ela fica.
- **PASSO 2: EXPERIMENTE O NOVO.** A criatividade se alimenta de novas experiências. Experimente sair da sua zona de conforto: leia livros diferentes, viaje para novos lugares e aprenda uma nova habilidade. O seu cérebro precisa de novas referências para criar conexões inovadoras.
- **PASSO 3: DESCONSTRUA O MEDO DO FRACASSO.** Muitos bloqueios criativos vêm do medo de errar. Mas errar faz parte do processo. Grandes inovadores, como Thomas Edison, Walt Disney e Steve Jobs, fracassaram diversas vezes antes de atingir o sucesso. O erro não é um obstáculo – é um degrau para o crescimento.
- **PASSO 4: ENCONTRE O SEU ESTILO CRIATIVO.** Cada pessoa tem um processo criativo único. Alguns funcionam melhor com planejamento, outros com improvisação. Descubra o que funciona para você e abrace a sua autenticidade. O importante não é seguir regras fixas, é encontrar um método que o ajude a produzir de modo consistente.

Um dos segredos dos empreendedores de sucesso é a criatividade. Na minha jornada como escritora, tudo começou quando percebi que esperar pela inspiração era um erro. O que realmente faz a diferença é a disciplina de criar, mesmo quando não há motivação. Meu livro *Manual para a criatividade extraordinária*[1] nasceu desse princípio: a criatividade pode – e deve – ser cultivada de maneira estruturada.

Ao longo dos anos, vi pessoas transformarem a própria vida ao aplicarem essas estratégias. Empreendedores que antes se sentiam bloqueados passaram a inovar nos negócios. Artistas que sofriam com bloqueios criativos começaram a produzir com consistência. Profissionais que estavam estagnados conquistaram novas oportunidades ao desenvolver a capacidade criativa.

E o que essas histórias têm em comum? A decisão de agir. A criatividade, no fim, não é um dom místico – é uma escolha diária. Pessoas extraordinárias deixaram uma marca no mundo porque não se paralisaram com o primeiro obstáculo. A diferença entre o você de hoje e a sua melhor versão está na persistência, na resiliência, no foco em seus objetivos, no treinamento e no desenvolvimento com constância.

Pessoas extraordinárias se esforçam para obter êxito. Elas passam por momentos de dificuldades, são questionadas sobre as capacidades e habilidades. Mas persistem e brilham, cada qual na própria área. É sobre isso que trato em meu livro *Afinal, quem te inspira?*[2] Nele, abordo diversas histórias que podem, inclusive, ajudar a inspirar! Internalize que não importa quantas vezes você já caiu ou quantas vezes ainda cairá ao longo da jornada, você deve usar a criatividade a seu favor para ser um improvável e vencer!

Em conclusão, a criatividade está em suas mãos. Ela é sua aliada. A criatividade não é um talento inato que alguns possuem e outros não. Ela é uma habilidade que pode ser desenvolvida com treino, método e dedicação.

O impossível só existe para aqueles que não ousam tentar. E, se você chegou até aqui, já deu o primeiro passo. Agora, cabe a você aplicar o que aprendeu, explorar novas ideias e permitir que a criatividade transforme a

---

1 COSTABILE, F. **Manual para a criatividade extraordinária.** São Paulo: UICLAP, 2024.
2 COSTABILE, F. **Afinal, quem te inspira?** São Paulo: UICLAP, 2024.

sua vida. Afinal, empreender com resiliência e conquistar o impossível exige coragem – e criatividade.

Você está pronto para dar esse salto?

Uma dica extra: os meus dois livros, *Manual para criatividade extraordinária* e *Afinal, quem te inspira?* trazem de modo simples e prático ferramentas que vão ajudar a desenvolver sua criatividade diariamente.

FERNANDA COSTABILE *tem paixão pela arte e sempre encontrou diferentes formas de expressão. Por meio de livros, pinturas e empreendedorismo, ela compartilha com a sociedade o que tem de melhor. É advogada com pós-graduação em Direito e MBA em Relações Internacionais, além de ser poliglota e já ter residido em diversas partes do mundo. Autora de vários livros publicados, conta com obras traduzidas para o inglês, francês e espanhol, como Manual para a criatividade extraordinária, Afinal, quem te inspira?, As fantásticas aventuras de Benjamin e amigos, Encontre o Benjamin e seus amigos em suas fantásticas aventuras. Tem ainda contos publicados em diversas antologias literárias.*

@prudyhome   @fernandaescritora   fernandacostabile.com

RAFAELLA ELLEN ROSSONI AZEREDO MAIA

FOTO © @JOVANNYCARVALHO

23
A PAZ DE JESUS PROMOVE RESILIÊNCIA PARA ALCANÇAR O IMPOSSÍVEL

Neste espaço, quero falar sobre conexão, resiliência, propósito e mudança. Quero mostrar como uma vida perto de Jesus Cristo pode transformar o que você tem vivido até então, seja em sua família, com o seu marido, a sua esposa, os seus filhos, pais, irmãos, seja em seu negócio, pois empresas que entendem a importância da fé prosperam muito mais e elevam o nível do que entregam. Para isso, quero começar compartilhando uma história que é muito importante para mim: a do meu pai.

Nascido na pobreza, ele conheceu muito cedo o peso da responsabilidade. Com 7 anos, começou a vender picolés. Aos 12 anos, engraxava sapatos, e não o fez por escolha, mas sim por pura necessidade. Aos 14, enquanto outros meninos da mesma idade sonhavam, ele precisava trabalhar para garantir o básico para a família. O caminho era incerto, cheio de obstáculos que pareciam intransponíveis, e muitos diziam que alguém como ele jamais teria sucesso. Mas ele se recusou a aceitar isso. Em vez de se render, fortaleceu-se. Como? Com resiliência, fé e uma determinação inabalável. Seguiu em frente, passo a passo. Aos 25 anos, casou-se e teve a primeira filha. No ano seguinte, tomou uma decisão ousada: comprou a primeira empresa. Era um salto no escuro, um desafio maior do que qualquer outro que já enfrentara.

Mas ele não recuou. Trabalhou incansavelmente. Errou, aprendeu e cresceu. Com o tempo, construiu um império. Deus o presenteou com uma abençoada família e os três filhos jamais conheceram as privações que ele viveu na infância. Hoje, é um empresário muito bem-sucedido, mas as maiores conquistas vão além do dinheiro. Tem ao lado uma família que o ama, dois netos – uma princesa e um príncipe – que correm para o colo dele sempre que o veem. Todos os dias, ele olha para trás e sabe: venceu o impossível. O seu sucesso não foi obra do acaso, mas da força de quem nunca desistiu. E, no fundo, ele sempre soube que Deus já havia preparado tudo. Só foi preciso coragem para avançar. Esse legado de exemplo contagiou os filhos, que seguem esse passos e são hoje grandes empresários como ele.

Assim, vejo que viver é uma jornada desafiadora, e um dos maiores obstáculos nesse caminho é sentir-se improvável e incapaz. O medo do fracasso cresce diante da falta de resiliência e da insegurança, tornando impossível enxergar oportunidades em meio ao caos. Falta uma visão clara, falta fé e resiliência, e percebo que muitas pessoas desistem antes mesmo de dar tempo ao próprio crescimento. No entanto, saiba que Deus já preparou tudo, mesmo que o medo, a dúvida e a insegurança tentem apagar a vontade de crescer. Essa é uma luta interna, que afeta o emocional e prejudica os relacionamentos, a vida profissional e até mesmo a conexão com Deus. O que muitos ainda não sabem, contudo, é que já temos tudo de que precisamos para crescer e prosperar. E é preciso acreditar nisso, pois o impossível só se torna real para quem persiste. Deus já traçou o caminho, mas, sem ação, nada se concretiza.

Como consequência desses fatores, muitas pessoas perdem oportunidades, vivem ansiosas e se distanciam do próprio propósito. Enxergam apenas impossibilidades em tudo o que vão realizar, ficam paradas, não experimentam a vitória que Deus preparou para elas. O que posso afirmar, porém, é que a história delas, a sua história, não está travada. Há um plano divino em andamento para você, então jamais permita que a insegurança ou a incerteza o paralisem. A fé precisa ser maior do que qualquer obstáculo, pois nela nasce a resiliência. A paz de Jesus é o que transforma a vida, e só Ele pode dar a você a verdadeira paz que supera qualquer circunstância.

Cada dia perdido é um dia a menos da vida abundante que Deus preparou para você. Deus quer que você experimente plenitude, paz e propósito, sendo luz ao viver com resiliência para que possa brilhar e conquistar o impossível. Eu sei que há o medo do fracasso, a insegurança de não se achar forte o suficiente para vencer os obstáculos, a incerteza de não conhecer o caminho, a paralisação por não saber o que fazer, a hesitação por não se sentir 100% pronto e a falta de direcionamento do que precisa ser mudado. Mas entenda que adiar essa decisão de mudança, essa tomada de consciência, gera ansiedade, frustração e tristeza. A cultura do sucesso instantâneo não funciona, temer o fracasso é o que fará você fracassar, então é preciso deixar de lado as influências externas e confiar mais no processo, confiar no que Deus tem preparado para a sua vida. Entenda que os projetos de Deus são muito maiores do que os seus próprios projetos!

Essa é a chave para transformar o improvável em algo realizável. O extraordinário acontece quando Jesus conduz a sua caminhada e você abandona o medo, abraça a sua fé, age com resiliência, recebe a paz de Jesus e se torna luz de Deus para iluminar caminhos. Com isso, o impossível se transforma em realidade e a sua vida passa a estar repleta de amor por si mesmo e pelo próximo. Essa é a paz de Jesus. Ela não significa a ausência de desafios, mas sim a certeza de que Ele já venceu por você! É a paz que vem de saber que você não precisa de todas as respostas antes de agir, precisa apenas ter coragem e dar o primeiro passo, porque Deus já preparou o caminho. Ele fez um caminho iluminado para que você comece a avançar e para que enxergue o próximo degrau.

Então sinta a paz, o amor de Deus e decida ser luz. Transborde ao próximo o que há de melhor em você. Deixe um legado de bons sentimentos pelo caminho por onde passar e obtenha sabedoria, entendimento e discernimento para obedecer à perfeita e agradável vontade de Deus! Ao confiar em Jesus como seu único e suficiente salvador, os passos ficam mais firmes.

Assim, para ajudá-lo nessa caminhada, apresentarei a seguir as sete chaves da paz perfeita de Deus para a sua vida:

- **1ª CHAVE: COLOQUE DEUS À FRENTE DE TUDO.** O improvável se torna possível quando Deus lidera a jornada. Ore, confie e aja com fé. A paz de Jesus e a luz de Deus abrirão os caminhos.
- **2ª CHAVE: DESCUBRA UM PROPÓSITO CLARO.** Sem direção, qualquer esforço se perde. Saiba exatamente o que deseja conquistar

e por qual motivo isso é importante. O propósito é o combustível da resiliência. Defina a sua meta, visualize o sucesso e siga firme.

- **3ª CHAVE: TOME UMA AÇÃO IMEDIATA.** Esperar o momento perfeito é um erro. O sucesso vem para quem faz. Pequenos passos diários geram grandes resultados. Assim, inicie com o que tem, corrija no caminho e continue avançando.
- **4ª CHAVE: TENHA UMA MENTALIDADE DE CONQUISTA.** O sucesso começa na mente, e o medo e a dúvida são inimigos da ação. O impossível só se torna real para quem acredita e age. Deus já preparou tudo, mas é preciso dar o primeiro passo. Então reprograme a sua mente para passar a enxergar os desafios como oportunidades de crescimento, jamais como barreiras.
- **5ª CHAVE: GERE IMPACTO E CRESCIMENTO CONTÍNUO.** Empreender e viver bem não diz respeito apenas ao dinheiro, e sim a transformar vidas. Cresça e ajude outros a crescerem com você. O verdadeiro sucesso está em deixar um legado.
- **6ª CHAVE: EXERCITE A RESILIÊNCIA INABALÁVEL.** Os desafios são inevitáveis, mas a persistência define quem vence. Adapte-se, aprenda com as quedas e siga mais forte. O impossível se torna realidade para quem jamais desiste.
- **7ª CHAVE: DÊ UM NOVO PASSO.** O tempo é um presente valioso, e investir na evangelização da sua família pode transformar vidas. Eu criei um devocional, chamado *7 cores da aliança*, com mensagens de amor e sabedoria, baseadas nos princípios inegociáveis da vida cristã. Com atividades interativas e práticas, esse devocional fortalece a fé de pais e filhos, ensinando de modo envolvente o papel de Jesus como sumo sacerdote e mediador. Cada leitura é um convite para refletir, orar e crescer espiritualmente, criando momentos inesquecíveis de comunhão em seu lar.

Em Gênesis 2:24 está escrito: "Portanto, deixará o homem o seu pai e a sua mãe, e unir-se-á à sua mulher, e serão uma só carne." Esse versículo revela que o casamento é uma aliança sagrada, onde o homem e a mulher se unem de forma íntima, emocional, espiritual e física, formando uma nova família diante de Deus. Essa união deve ser sustentada pelo amor, respeito, fidelidade e compromisso mútuo.

Seguir esses ensinamentos é essencial ao decidir viver o matrimônio e constituir uma família.

Deus, em sua infinita misericórdia, me apresentou um marido que me inspira em cada detalhe deste capítulo da nossa história. Um verdadeiro empreendedor, resiliente, que enfrenta cada desafio com fé e coragem.

Hoje, vivemos juntos o impossível de Deus em nossas vidas e isso é apenas o começo de tudo aquilo que o Senhor ainda realizará em nós e através de nós!

Em minha jornada, tenho visto que famílias evangelizadas vivem com mais paz e propósito. Pequenas ações diárias, como orações em família e momentos de gratidão, criam um ambiente cheio da presença de Deus, o que faz com que as pessoas fiquem mais entusiasmadas pela vida e por viver, agindo com resiliência, fé e coragem. Hoje sei também que negócios prósperos refletem o caráter de Jesus Cristo! Trabalhar com honestidade, generosidade e excelência atrai a bênção de Deus. O propósito está além do lucro e passa por impactar vidas por meio do trabalho.

Saiba, portanto, que Deus tem um plano para a sua família e para o seu futuro financeiro. A verdadeira prosperidade vem quando vivemos alinhados com os princípios de Jesus, assim como a Palavra de Deus fala em Mateus 5:16: "Deixai a vossa luz brilhar diante dos homens, para que vejam as vossas boas obras e glorifiquem a vosso Pai, que está no céu".[1] Ou em Lucas 1:37: "Porque com Deus nada será impossível". Nada é mesmo impossível para Deus.

Você merece um lar em que reine o amor, a paz e a luz do Senhor. Em que as palavras de Jesus sejam vividas com alegria, fortalecendo laços, ensinando valores inabaláveis e preparando uma nova geração para um mundo melhor. A sua decisão de viver essa jornada precisa significar ter uma família mais unida, com amor e respeito, filhos crescendo em um ambiente de fé e propósito, um legado de luz e transformação para as próximas gerações e negócios prosperando, porque a presença de Deus multiplica recursos e

---

[1] Todas as citações bíblicas foram padronizadas de acordo com a Bíblia King James.

oportunidades.

O mundo precisa de mais pessoas que brilhem com a luz de Deus. E você foi chamado para ser essa luz. Quando decide seguir esse caminho, a sua vida transborda amor, e esse amor se espalha, tocando outras vidas. Jesus é a resposta para tudo o que o seu coração busca. Aceite Jesus como o seu único e suficiente Salvador, e tudo lhe será acrescentado. Quando Jesus está à frente, tudo muda! Ele guia os seus passos, fortalece a sua família e os negócios, multiplica as suas bênçãos.

O amor, por sua vez, precisa ser a base de tudo. Precisamos amar a nós mesmos e ao próximo para que tenhamos plenitude a partir de uma vida, um lar e negócios que prosperam. Precisamos transbordar generosidade. Precisamos fazer da nossa vida e da jornada de nossa família um canal de evangelização, assim como Ele nos ensinou em João 15:12 "Este é meu mandamento: que vos ameis uns aos outros, assim como eu vos amei".

É preciso abrir espaço para tudo isso em sua vida. Dar espaço para Jesus na sua vida e na vida da sua família, pois assim viverá o extraordinário com excelência e propósito. Pois então confie, ame e vá além do que o mundo diz ser possível. Assim viverá a verdadeira paz que Deus preparou para você, como podemos ler em Filipenses 4:7: "E a paz de Deus, que excede todo o entendimento, guardará os vossos corações e as vossas mentes, através de Cristo Jesus". Para isso, é preciso evangelizar, trazer unidade para dentro do lar, plantar a semente de Deus em sua vida e na daqueles que você ama para que ela frutifique pela eternidade. Uma família que ama a Deus se torna reflexo do reino dos céus. Isso fortalece os laços e prepara as próximas gerações, e a oração e a comunhão familiar trazem paz e direção para o lar.

Em resumo, você foi chamado para conquistar o impossível, mas é preciso estar pronto para isso, pronto para deixar Deus entrar porta adentro e fazer a verdadeira transformação, transformar o que parecia impossível em uma nova vida, um novo negócio, uma nova família e uma nova jornada, assim como é dito em Mateus 19:26: "Mas Jesus, olhando-os, disse-lhes: Com homens isto é impossível, mas com Deus todas as coisas são possíveis". Lembrando apenas que Deus não escolhe os capacitados, Ele capacita os escolhidos. E sei que você pode ter ouvido que não é capaz, que o seu sonho é grande demais, que a sua jornada é difícil. A verdade é que o seu propósito é grandioso. Você é um improvável e merece brilhar com a luz do Sol.

Para fechar, quero citar a Palavra de Deus dita em João 14:27: "Eu deixo-vos a paz, a minha paz eu vos dou; não a dou como o mundo a dá. Não se turbe o vosso coração, nem fiquem com medo". Essa é a paz que você merece. Seja luz, seja paz, seja amor. Espalhe bondade por onde passa, ilumine a sua vida e confie que Deus está no controle. Você foi escolhido para viver o impossível!

E a melhor parte? Esse é só o começo! A escolha está em suas mãos! Jesus veio ao mundo para dar vida, salvação e um novo começo, uma nova aliança. Ele e o Pai são um, e quem O recebe recebe o próprio Deus! Então parabéns por chegar até aqui! Parabéns por ter coragem de aceitar isso tudo em sua trajetória. Deus já está agindo, aceite a sua luz: "Então, Jesus tornou a falar-lhes, dizendo: Eu sou a luz do mundo; quem me segue não andará em trevas, mas terá a luz da vida" (João 8:12). Você também é luz! Brilhe!

RAFAELLA ELLEN ROSSONI AZEREDO MAIA *é uma mulher de fé cuja trajetória reflete amor e obediência à vontade de Deus, com um propósito singular de evangelizar famílias. Formada em Medicina, destacou-se pela abordagem integrativa, tratando não apenas os sintomas, mas a raiz dos problemas ao compreender o ser humano como um todo. Com uma personalidade criativa e resiliente, enfrentou desafios com a fé em Jesus, obtendo discernimento, entendimento, sabedoria e obediência a Deus. É filha amada de Rafael e Neide, irmã amada de Gabriel e João Pedro, e foi agraciada por Deus a viver o ministério do matrimônio ao casar-se com Pedro. Juntos, foram abençoados e multiplicaram, geraram frutos, os presentes preciosos Beatriz e Pedro Rafael, duas vidas que carregam a herança de um lar edificado na fé, no compromisso e na presença de Deus. Guiada por valores cristãos inegociáveis, Rafaella recebeu, por meio do Espírito Santo, a inspiração para a evangelização de famílias. É autora do devocional 7 cores da aliança. Tem como missão ensinar às pessoas sobre o papel de Jesus como mediador, ajudando a fortalecer a fé e o compromisso da família com Deus de maneira divertida e interativa.*

@dra.rafaellaazeredo   Dra. Rafaella Azeredo

RAFAEL SCHINOFF
FOTO © WALTER TOMIO / TOMIO.GROUP

24
O SUCESSO RESIDE NA RESPONSABILIDADE PELOS RESULTADOS

Ninguém vai se responsabilizar por você. E isso é uma ótima notícia. Sei que essa ideia pode parecer cruel no início, mas foi uma das lições mais libertadoras que aprendi. Como muitos, eu acreditava que o sucesso dependia do apoio da família, de um sócio experiente ou do momento certo para agir. A realidade, porém, me atingiu: quando precisei, ninguém veio ao resgate. O medo de vender, o terror de ouvir "não" e a insegurança de enfrentar tudo sozinho quase me paralisaram. Mas foi justamente a ausência de suporte que me fortaleceu e ajudou a desenvolver algo mais valioso.

Assim, vejo que muitos dos problemas dos empreendedores hoje são: dependerem do apoio da família e dos amigos; acreditarem que necessitam de sócio; sentirem medo de tentar vender; dificuldades de receberem "não"; esperarem o momento e as condições certas para agir; sentirem medo de arriscar e de perder. São dores que acontecem porque não acreditam em si mesmos. Mas, com a minha história e a minha própria experiência, quero mostrar como venci essas dores, criei as minhas próprias oportunidades e, assim, acabei alcançando o sucesso.

Aos 33 anos, iniciei a minha empresa dentro de um apartamento alugado, que logo tive que entregar por não ter cliente e faturamento para pagar os custos. Precisei voltar a morar com a minha família disfuncional, na qual a minha mãe é narcisista, o meu irmão era usuário de drogas pesadas e o meu padrasto não tinha interesse em me ajudar. O ambiente era muito problemático, e eu me sentia inseguro com a situação, pois havia brigas constantes e ameaças por causa do meu irmão e da personalidade da minha mãe. Tive que ser muito criativo e manter o equilíbrio emocional para me adaptar à situação e para o projeto não terminar. Foi extremamente difícil atravessar esse período. Foi algo que afetou a minha vida profissional e pessoal, assim como muitas vezes acontece com outros empreendedores com quem tenho contato.

Um dos maiores problemas é que não nos permitimos passar sozinhos pelo processo do autoaprendizado, não buscamos informações e enfrentamos o desconhecido – e isso nos faz continuar sempre dependentes de outros. Isso me causa indignação! Sem o apoio familiar, como aconteceu comigo, podemos ficar magoados, enfrentar baixa autoestima e degradar o próprio relacionamento com nós mesmos. Depois que entendi, no entanto, que os meus familiares não tinham a obrigação de me apoiar e não eram as pessoas certas para o meu propósito, tudo mudou. Aprendi a ressignificar essas relações.

Por outro lado, aprofundando mais essas questões, vejo que precisamos entender que esses problemas podem sabotar o sucesso do empreendedorismo, pois ele depende exclusivamente de nossas ações e iniciativas. Aprendi isso quando recebi respostas negativas, mas hoje percebo que foi a melhor coisa que me aconteceu, pois me deu a oportunidade de me descobrir empreendedor e resiliente, assim como comentei no início. Fui obrigado a ser muito criativo e analítico para encontrar soluções que me permitissem superar as barreiras e adversidades que se apresentavam para mim. Adquiri muita habilidade para superar desafios.

Precisamos, então, mudar a nossa visão e parar de "romantizar" esses apoios, senão continuaremos dependendo da boa vontade dos outros e de situações perfeitas para iniciarmos a nossa jornada de sucesso ou, pior, ficaremos esperando milagres ou que Deus aja por nós. Isso gera insegurança e medo de fracassar, eu sei, mas temos que entender que as barreiras e o medo do fracasso farão parte de nossa jornada constantemente, pois nada na vida e nos negócios é completamente seguro ou estável. Temos que aprender a sentir prazer nos desafios e a gostar de gerar resultados positivos para nós mesmos. Não podemos perder tempo reclamando, lamentando ou criticando, pois essas atitudes só produzem resultados negativos e destruição. Em palavras mais sucintas, o empreendedor deve focar o propósito.

Entenda algo importante: o sucesso começa quando você identifica o que o limita e faz algo a respeito disso. Nem sempre podemos mudar as pessoas ao nosso redor, mas podemos mudar a forma de reagir a elas. E se o ambiente não o impulsiona, talvez seja hora de se afastar de certas influências e criar o espaço necessário para crescer. Quando você assume esse controle, começa a construir o terreno fértil para o seu próprio sucesso.

Saiba, entretanto, que reconhecer esses problemas de convívio familiar ou social pode gerar um sentimento de perda ou rompimento com aqueles que sempre foram uma referência para você. Talvez você tenha acreditado que a sua família ou amigos estariam ao seu lado nessa jornada, mas agora percebe que o apoio que esperava não veio. Isso dói. O medo de se afastar ou romper alguns relacionamentos pode ser sufocante. Afinal, você sempre viu essas pessoas como parte essencial da sua vida. E agora? Você se sente sozinho e inseguro para dar o próximo passo. Porém quero que entenda algo: começar sozinho pode ser a sua maior bênção. No início, também esperei apoio, e quando ele não veio me senti perdido. Foi nesse momento que percebi que a força de que eu precisava já estava dentro de mim.

Ou seja, você não precisa de circunstâncias perfeitas ou da aprovação de ninguém para começar. O sucesso vem quando você decide seguir em frente, independentemente do apoio externo. O sucesso acontece quando você entende que não depende de circunstâncias favoráveis para conquistar as oportunidades, pois você mesmo tem o poder de criá-las. Você só precisa de inspiração e respiração para iniciar. E acredite: a jornada pode ser solitária no começo, mas essa solidão vai tornar você mais forte e preparado para o que vem pela frente.

Então comece onde está e com o que tem. Não espere pelo momento ideal, pois ele nunca virá. O crescimento acontece no processo, e as oportunidades certas surgem para aqueles que estão em movimento. Quero mostrar como sair do "Vale das Sombras do Empreendedorismo", que acontece no primeiro ano do empreendedorismo diante dos desafios, e como você pode atravessar essa fase com força e orgulho. No fim, a maior inspiração para continuar será a sua própria evolução. Hoje, olho para trás e percebo o quanto sou capaz. Aprendi a me valorizar, a confiar no meu potencial e a transformar dificuldades em degraus para o sucesso. Você pode fazer o mesmo. Tudo começa quando você decide agir.

1º PASSO: NICHO DE MERCADO

1. Busque uma ideia ou inspiração de um negócio que não dependa da família ou amigos para ser colocada em prática. Empreender exige autonomia e decisão.
2. Analise se esse negócio faz sentido com o seu propósito de vida e se há demanda de mercado. Não basta gostar de algo; é preciso ter certeza de que existe público para aquilo que você deseja oferecer.
3. Avalie se você tem as condições mínimas para adaptar esse negócio à sua realidade financeira e estrutural. Comece com o que tem e onde está. Não espere condições perfeitas, pois elas nunca existirão.
4. Busque todo o conhecimento e informações sobre o negócio, formas de atuação e público-alvo. Quanto mais você se aprofundar no mercado escolhido, maior será a sua capacidade de tomar decisões estratégicas.
5. Identifique os seus concorrentes e as suas fragilidades para criar o seu diferencial.
6. Invista em sua apresentação pessoal e profissional e se torne um especialista nesse novo negócio. A autoridade no mercado atrai clientes, parcerias e novas oportunidades.
7. Treine bastante a venda. Quando fizer apresentações on-line ou presenciais, demonstre segurança, pois o cliente não compra a sua empresa, ele compra você. Se você não acredita no que vende, ninguém mais acreditará.
8. Identifique onde estão as suas fragilidades e inseguranças para saber como corrigir e se desenvolver.

2º PASSO: DOMINE O SEU NEGÓCIO

1. Planeje as rotinas diárias da operação da empresa, pois a manutenção da prosperidade é diária.

2. As suas rotinas devem ser bem definidas, no mínimo de segunda a sexta-feira, em horário comercial, sejam elas on-line ou off-line.
3. Tente automatizar o operacional o máximo que puder com as novas tecnologias de IA. Esse tipo de solução é acessível até para pequenos negócios.
4. Crie uma rotina de divulgação on-line em todas as mídias sociais, bem como a divulgação off-line por meio do seu network pessoal e profissional.
5. Agende muitas reuniões de apresentação do seu negócio. Não espere que os clientes venham até você.
6. As pessoas perceberão, em sua fala e postura, se você domina ou não aquilo que faz. Confiança transmite autoridade, e autoridade gera vendas. Por isso, treine o seu pitch, ajuste a sua abordagem e aprimore a sua comunicação. Quanto mais você praticar, mais natural se tornará.

Caso queira estudar ainda mais sobre esse assunto e mudar a mentalidade para ter sucesso no negócio, recomendo a leitura de *Mindset*, de Carol Dweck.[1] Esse livro me ajudou a entender que o maior obstáculo para o sucesso não está do lado de fora, mas dentro de nós. Como? A autora explica como o "mindset fixo" nos limita e como podemos desenvolver um "mindset de crescimento" para superar desafios e nos tornarmos mais resilientes.

No empreendedorismo, ter um mindset de crescimento é fundamental, pois os desafios são constantes e as dificuldades fazem parte do caminho. Quem acredita que pode evoluir e aprender com cada experiência se torna mais resiliente e tem muito mais chances de alcançar o sucesso. Se você está pronto para mudar a sua mentalidade e encarar os desafios com mais força emocional, essa leitura será essencial.

Voltando à minha história, eu tentava terceirizar para a família e os amigos as atividades que me causavam insegurança, principalmente a venda ativa. Tinha medo de fazer reuniões, apresentar o meu negócio e expor as minhas ideias. Preferia ficar nos bastidores, cuidando da parte operacional e administrativa. Perdi muito tempo tentando convencer outras pessoas a assumirem essa função, pois não queria enfrentar o meu próprio medo.

---

1 DWECK, C. **Mindset**: a nova psicologia do sucesso. Rio de Janeiro: Objetiva, 2017.

A realidade foi dura: ninguém assumiria essa responsabilidade por mim. Como não tive apoio e não encontrei uma solução, precisei decidir entre desistir e enfrentar os meus "monstros internos". O medo de falhar e a insegurança me dominavam, mas percebi que a minha única alternativa de renda era fazer o negócio acontecer.

Enquanto aguardava uma oportunidade de emprego que nunca veio, tomei uma atitude. Comecei a buscar clientes ativamente, algo que evitava a todo custo. Fiz contatos com empresas, agendei reuniões presenciais e telefonei para possíveis parceiros. A cada tentativa, sentia-me desconfortável, mas percebia que estava progredindo. No início, era difícil. A minha fala tremia, as minhas propostas não eram claras e eu saía frustrado de algumas reuniões. Mas, com cada experiência, fui ajustando a minha abordagem, aprimorando o meu discurso e me tornando mais confiante. A prática foi me transformando. Até que aconteceu: minha primeira venda. A sensação foi indescritível. Eu havia superado um dos meus maiores medos e, naquele momento, compreendi que a única coisa que realmente me limitava era minha própria insegurança. Após derrubar essa barreira inicial, novas vendas começaram a surgir com mais facilidade. A minha confiança cresceu, a minha estratégia ficou mais clara e finalmente consegui pagar as despesas operacionais. Foi quando percebi que não existe atalho: ou você enfrenta os medos, ou o negócio não cresce.

Para ter sucesso, você precisa assumir o controle total do seu negócio e se dedicar integralmente, principalmente no primeiro ano. O método que apresentei anteriormente ensina a iniciar no empreendedorismo com segurança e independência, além de fortalecer a inteligência emocional para enfrentar desafios financeiros e pessoais. Pergunte-se: "Estou realmente comprometido ou ainda trato o meu negócio como um plano secundário?". Quem encara o negócio com prioridade e assume a jornada como dono, sem terceirizar responsabilidades, está no caminho certo. Quando você assume essa responsabilidade, aí, sim, começam a surgir pessoas e oportunidades na sua caminhada.

Lembre-se: o sucesso exige ação. Se você estiver disposto a persistir, os frutos virão e transformarão a sua trajetória para sempre. E a única coisa que separa você de um futuro de conquista e realização é a sua decisão de agir.

Então, pare de esperar e comece agora. Você já tem tudo de que precisa neste exato momento.

Eu sou um improvável que deu certo. Ser improvável significa que o caminho pode ser mais difícil, mas não significa que você não pode chegar lá. Se você seguir firme, aprender com cada desafio e não desistir no meio do caminho, um dia você olhará para trás e verá que o improvável se tornou a sua realidade.

Talvez as pessoas ao seu redor acreditem que você é só mais um caso improvável. Mas improvável não é impossível. O impossível só dura até que alguém o supere. Que essa pessoa seja você.

RAFAEL SCHINOFF *é natural de Porto Alegre, graduado em Administração de Empresas, fundador e CEO da rede de franquias Padrão Enfermagem e sócio da fintech NetCare. Tem como missão empreendedora aliviar as dores de famílias no dever de cuidar de entes queridos, oferecendo soluções que garantem segurança e qualidade no atendimento. Como especialista em franquias no setor de recursos humanos, ajuda novos empreendedores a estruturarem e expandirem negócios, compartilhando a experiência para acelerar o sucesso no franchising. Autor de O dever de cuidar, livro publicado pela Editora Gente, no tempo livre gosta de aprender novas tecnologias, praticar atividades físicas e viajar.*

@rafael_schinoff_ceo

CESAR GENEHR
FOTO © THIAGO MANN

25
UM CAMINHO PARA A EXCELÊNCIA

A liberdade de pensar permite sonhar sem limites. Alcançar os sonhos, por outro lado, depende exclusivamente das suas ações. É justamente pelo significado dessa palavra tão pequena, *ação*, que as pessoas têm resultados tão diferentes. Conheço muitas cuja inteligência é excepcional e a criatividade é acima da média, mas que planejam demais e agem de menos. Oportunidades surgem diariamente na vida de todos, e é nesse momento que os destemidos partem para a ação enquanto os medíocres ficam condicionados à incerteza e à falta de coragem.

Não me entenda mal quando menciono a mediocridade, pois sei que essa palavra soa forte aos ouvidos, mas medíocres são aqueles que estão na média, e me perdoem, queridos amigos, pois para empreender com sucesso é necessário viver acima da média, principalmente no modelo mental, em que os pensamentos são o princípio de qualquer resultado. Manter o pensamento positivo é o mesmo que andar de mãos dadas com Deus, e assim as soluções acontecem.

Nos meus mais de vinte anos na área de vendas, observei diversos perfis de vendedores, dos mais técnicos aos menos preparados, e posso afirmar que os que tiveram resultados mais expressivos na maioria eram os que acreditavam no próprio potencial, no produto e, acima de tudo, traziam para a mesa ação e vontade diariamente.

Lembro-me de um diretor de empresa que dizia: "vendedor bom é 90% vontade e 10% preparo!". Não concordo por completo com esses percentuais, mas realmente ter vontade de vencer é um dos atributos essenciais, não apenas na área das vendas, mas em todas as áreas da vida. Você concorda?

Há algum tempo, na região central do Rio Grande do Sul, eu gerenciava uma equipe de vendas de uma distribuidora de alimentos, e mensalmente promovíamos ações promocionais em que os melhores vendedores eram premiados. Em uma delas, o item principal eram balas de caramelo, um produto realmente não muito fácil de promover em compras em volume. Na ocasião, cada vendedor recebia um objetivo, e o vencedor ganharia um televisor tela plana de 32 polegadas, que na época era considerado o "luxo do gaúcho"! No dia de lançamento da ação, um dos vendedores, que não tinha histórico algum de vendas desse item, me procurou e disse: "custe o que custar, eu vou ganhar. Meu filho de 7 anos me pediu uma TV no quarto, e vou realizar o sonho dele!".

Ao apurar os números ao fim do período da ação, o resultado se confirmou. Não é que o determinado e destemido vendedor havia realmente ganhado?! Para a minha surpresa, no entanto, foi com um resultado muito acima dos demais. Curioso, perguntei como ele havia conseguido algo tão expressivo, e ele comentou: "Chefinho, logo depois que a campanha começou, a minha vizinha, uma senhora já idosa, faleceu, então fui ao velório. No local, percebi que estavam dois potes com balas e uma garrafa térmica com café sem açúcar. No início da madrugada notei que as balas já haviam acabado. Bingo! Visitei todos os cemitérios aqui da região e fechei o fornecimento com as nossas balas, afinal, era a combinação perfeita: café sem açúcar, balas doces e pessoas que não queriam dormir".

Note que esse "simples" vendedor teve inicialmente um pensamento positivo, que foi motivado pelo sonho do filho de ter uma televisão no quarto, mas, desde o início, acreditou ser capaz de vencer. Logo depois, teve atitude ao ver a oportunidade em um velório – ou seja, as oportunidades aparecem a todo momento, mas é você quem precisa estar pronto para entendê-las e agir. O ponto principal, portanto, é que, independentemente da área em que atuamos, necessitamos ter certa "alquimia de emoções e sentimentos" que ocorrem diariamente, mas que só trazem resultados se tivermos ação diante do momento.

Pensar positivo, ter algo que motive você, bem como identificar as oportunidades e agir, ocorre quando você tem total autoconfiança. Nesse momento, ocorre algo surreal: a sua energia transborda e leva você a executar tarefas e atividades que anteriormente acreditava serem impossíveis. Essa energia é identificada pelos que estão próximos a você, pois a sua maneira de falar muda, o brilho no olhar é tão forte quanto a luz do Sol e a sua simples presença torna os lugares mais leves e agradáveis. Tenho certeza de que, neste momento, você se lembra de alguma pessoa que é assim e então se questiona se você também é... tenha calma! A vida é feita de ciclos, e é só com a vivência que conseguiremos entendê-los e evoluir. Precisamos muitas vezes parar, analisar e compreender o que está à nossa volta para que possamos ter mais clareza do que acontece e do que precisa ser feito, assim como aconteceu em uma conversa que tive com um dos meus filhos.

O nome dele é Julio Cezar, de 6 anos. Além dele, tenho também a Ana Luiza, de 1 ano e 6 meses, e nesta gostosa aventura de ser pai observo diariamente o quanto eles me ensinam. Certo dia, o Julio me perguntou: "Pai, será que o lobo é mau porque não teve carinho?". Tivemos uma longa conversa a respeito do assunto, mas a lição que compreendi foi: ele tinha razão! Por que simplesmente aceitar que o lobo é mau? Somente corações puros como os das crianças podem nos colocar a refletir sobre amor e carinho diante de um vilão – ou seja, na pureza das crianças, ninguém é mau por natureza, tem que existir um motivo, então será que não é o carinho e o amor que deixamos de ter com as atividades e até mesmo conosco que dificulta o nosso desempenho? Acredito que amar, respeitar e então entender o ponto de vista de cada um é parte da evolução para conseguirmos ser pessoas melhores e, consequentemente, profissionais melhores. Ter carinho consigo mesmo é "ser" mais criança, pois elas aproveitam o agora com intensidade, observam tudo e são curiosas, assim como não têm vergonha de fazer perguntas e têm a facilidade de sorrir a todo instante.

Você já pensou como seria a sua vida profissional se fosse mais intenso, mais curioso, questionasse mais e sorrisse mais ao ver as pessoas? Tenha certeza de que a sua personalidade seria muito mais atraente e agradável. Tudo seria mais leve, afinal a vida é uma obra de arte que diariamente rabiscamos. Porém, é importante saber que nem tudo pode ser apagado, tudo pode ser modificado e melhorado.

A grande virtude das pessoas que já alcançaram o sucesso profissional ou pessoal foi compreender que o caminho percorrido, com pedras, percalços e alegrias, bem como os desafios ultrapassados, deixaram aprendizados para se chegar mais forte no hoje. Daqui para a frente, errar torna-se um caminho tão válido quanto o do acerto. E você até pode falar algo como: "Está maluco, Cesar?! Você não disse que aprendemos com os erros?!". Sim, aprendemos com eles, porém a realidade é que a cada ano evoluímos para um patamar mais alto de exigências, e com elas vêm situações que talvez ainda não vivemos, portanto poderemos errar novamente. Todos os dias, ao abrir os olhos, temos uma nova oportunidade, seja ela para acertar ou errar.

Assim, quero apresentar o que chamo de Tríade da Excelência. São apenas três pontos que, se bem desenvolvidos, vão colocar você em um novo nível profissional e pessoal, o da excelência!

1º PONTO

A primeira ideia é tão simples que você dirá: "Isso não é novidade para mim". Até posso concordar em parte, mas duvido que você execute. O quê? A **organização**. Não me refiro a algo extremo, como separar meias e cuecas por cor, mas sim a criar uma rotina com horários predefinidos para planejar as suas atividades conforme as suas prioridades e necessidades de entrega de resultados.

Se você trabalha com vendas, sabe muito bem que alguns clientes têm horários e dias definidos para propostas e negociações, e que, caso você não entregue a cotação nos prazos estabelecidos, elas nem serão avaliadas. Hoje, existem muitos aplicativos que funcionam como organizadores de rotinas, mas, caso não goste muito da tecnologia, vá para o papel mesmo.

Anote os compromissos da próxima semana no domingo no fim da tarde, delimitando os horários de esporte, leitura, trabalho e família, uma prática consistente. Lembre-se: não adianta você elencar todos seus compromissos profissionais e deixar de lado a sua saúde, o seu capital intelectual e o prazer de estar com a família.

Como bom virginiano, tenho a minha rotina diária já definida entre as cinco da manhã e as onze da noite, e acredite, essa organização é o que me torna alguém produtivo, saudável e feliz. E você também consegue, mas, para isso, chegamos ao segundo ponto da excelência para que você possa vislumbrar o próximo nível.

2º PONTO

Aqui falarei da **autorresponsabilidade**. Uma palavra tão grande quanto os seus resultados. Quando me refiro à autorresponsabilidade, não quero dizer apenas a vida profissional, e sim a vida pessoal e as pessoas que você ama. Toda ação que você executa é uma escolha, e a cada escolha é feita uma renúncia. Quando você define trabalhar por dez horas em um dia, está renunciando a ficar por dez horas com a sua família. Então tenha a grandeza de dar o seu melhor todos os dias, faça a distância valer a pena, assim você será justo consigo e com sua família, tornando-se alguém ético e correto.

3º PONTO

O terceiro ponto da excelência é a **execução**. De nada adianta você ser organizado e responsável por seus atos se não executar as tarefas planejadas. No momento em que o tempo parecer não colaborar, lembre-se de que você é uma pessoa incrível, com talentos e diferenciais únicos, então não espere pelo amanhã e execute hoje o que foi planejado para o hoje! E digo mais: **sempre desconfie dos seus limites. Eles vão muito além do que você imagina.**

Com essas três linhas de desenvolvimento, a excelência fica muito mais perto. Em minha opinião, a autorresponsabilidade é, especialmente, uma qualidade magnífica, pois demonstra muito sobre o caráter e a personalidade de cada pessoa, gerando algo que vale mais do que dinheiro: credibilidade.

O ano era 2016, e na época eu gerenciava uma grande empresa de laticínio, até que recebi uma ligação ofegante de um de meus vendedores: "Seu

Cesar, 'preteou o olho da gateada'.[1] Digitei uma carga de achocolatado errada. Eram para ser embalagens de 200 ml e eu digitei de um litro. O cliente não iria receber com razão, então dei um desconto que na carga totalizou quase R$ 6 mil. Já depositei R$ 2 mil para o cliente e ele recebeu a mercadoria, só que não tenho os outros R$ 4 mil. O senhor pode me ajudar?".

Caro leitor, a situação foi resolvida, mas veja o senso de responsabilidade desse vendedor, que assumiu de imediato o erro, em seguida agiu entrando em contato com o cliente e pagando do próprio bolso parte do equívoco. Ele errou apenas em um dos três pontos da excelência, a organização, pois comentou que não enviou a cópia do pedido ao cliente. Mas teve autorresponsabilidade e execução. E o saldo da negociação: prejuízo financeiro, porém aumentou a credibilidade comigo e, principalmente, com o cliente, que percebeu que estava negociando com um profissional de vendas que se prontifica na resolução quando os problemas aparecem. Dali em diante, as negociações com esse cliente cresceram de modo exponencial, pois ele identificou que estava muito bem auxiliado caso algum futuro problema surgisse.

Isso, portanto, demonstra que a Tríade da Excelência é uma ferramenta que, mesmo quando utilizada de modo incompleto, pode gerar resultados positivos. No exemplo, se o vendedor tivesse organizado a rotina de enviar a cópia de pedido ao cliente, teria verificado o equívoco e o problema estaria solucionado sem prejuízos financeiros; no entanto, com o poder da autorresponsabilidade e da execução, ele virou o jogo e foi premiado com um aumento de credibilidade.

Não apenas no mundo dos negócios, mas na vida como um todo, são as suas ações e o seu posicionamento que geram a credibilidade que você tem, e apesar de a grande maioria das pessoas de nossa sociedade avaliar o sucesso apenas pelo monetário, não há nada mais prazeroso do que escutar que o que você fala é válido e verdadeiro porque há confiança e credibilidade, uma vez que a sua opinião vale muito.

Então seja consistente, pois **a excelência é mutável. Quando acreditar que chegou lá, continue!** É, meus amigos, manter-se no topo é mais

---

[1] Expressão típica do regionalismo gaúcho, significa estar em uma situação complicada, de dificuldade, uma enrascada. (N. E.)

difícil do que chegar lá, pois nas alturas os ventos que sopram são mais fortes, e na altitude até mesmo respirar é difícil, e é nesse momento que é necessário demonstrar ainda mais atitude. Sabe por quê? Quanto mais alto chegar, mais pessoas estarão observando e mais pessoas você estará incentivando, pois elas o enxergarão como espelho do que acontece quando se avança pelos caminhos que você já passou no passado.

Independentemente do trabalho em que esteja hoje, do cargo que tenha, do momento que esteja passando, acredite nos seus sonhos e organize uma rotina saudável e alegre. Sei que nem todos os momentos do dia serão de sorrisos, mas nesses casos você deverá pensar naqueles que ama e nos seus objetivos de vida. **Julgamentos acontecem a todo instante. Principalmente sobre aqueles que resolvem viver com prosperidade e felicidade. Então seja você e curta os momentos.**

Por fim, prepare-se, pois os melhores anos de sua vida começam a partir de hoje. Confio em você! Lembre-se: **porventura somos aprendizes e por realidade somos retrato das nossas escolhas.**

E uma última observação: caro leitor, este livro foi uma obra coletiva construída com muito amor e dedicação por pessoas incríveis, consideradas referências, então aproveite e indique o conteúdo para quem é importante em sua vida. Caso queira ter um contato mais próximo comigo, diariamente trago conteúdos que poderão lhe ajudar em sua caminhada ao sucesso pessoal e profissional. Será um prazer receber sua mensagem no Instagram, @cesargenehr. Até breve!

CESAR GENEHR *foi de entregador de listas telefônicas e garçom a gestor comercial de grandes empresas. Hoje, é empresário, palestrante e psicanalista, considerado um especialista em vendas pela arte de transformar vendedores em negociantes memoráveis e clientes em amigos. Desde os 16 anos trabalhando como vendedor, passou pelos cargos de coordenador, supervisor e gerente comercial, tendo assim a oportunidade de conhecer várias cidades, estados, clientes, empresas e profissionais das mais diversas áreas. Conseguiu equilibrar estudos, técnicas, práticas e muita experiência para hoje auxiliar empresários de diferentes segmentos a terem melhores resultados quanto à produtividade e felicidade na vida como um todo.*

@cesargenehr

RENATO
TRISCIUZZI
FOTO © GALERIA 32

26
CONFIANÇA: A CHAVE QUE ABRE CAMINHOS

Quando assumi a minha primeira posição de liderança, acreditava que precisava ter controle absoluto sobre tudo. Revisava cada detalhe, acompanhava cada processo e sentia que, se não estivesse envolvido diretamente em cada decisão, as coisas poderiam dar errado. O problema? Eu estava sobrecarregado, esgotado, e o time não evoluía, porque eu estava centralizando tudo.

O mesmo aconteceu quando comecei a empreender. No início, era difícil confiar que outras pessoas cuidariam do negócio com o mesmo zelo que eu cuidava. Delegar parecia um risco, e eu acreditava que, se quisesse resultados, precisava fazer tudo sozinho. Só que essa mentalidade estava travando o meu crescimento.

O ponto de virada veio quando percebi que liderança não é controle, é influência. Primeiro, fortaleci a minha autoconfiança, reconhecendo que já tinha tomado boas decisões e precisava agir como líder – não como executor. Depois, comecei a confiar mais na equipe, delegando pequenas responsabilidades e acompanhando de perto sem microgerenciar.

O resultado? A produtividade aumentou, o time cresceu e, principalmente, consegui espaço para pensar no futuro do negócio. Aprendi que confiança não é só um sentimento – é uma ferramenta poderosa para criar um ambiente forte e sustentável. Empreender não é carregar tudo sozinho – é construir junto. E é exatamente esse tema que quero explicar aqui, neste capítulo.

Os maiores problemas que eu já enfrentei, e acredito que você, leitor, também enfrenta, giram em torno da falta de confiança – tanto em si quanto nas pessoas ao seu redor. Empreender é um desafio por si só, mas quando a insegurança o domina, as decisões se tornam cada vez mais difíceis, o medo do fracasso o paralisa e a solidão pode se instalar. Muitos empreendedores acreditam que precisam carregar tudo sozinhos, desconfiando da própria capacidade de investir, seguir adiante, ou hesitando em delegar e confiar em outras pessoas.

Assim, a dor principal que quero ajudar você a resolver com estas páginas é a sensação de estar sozinho na jornada, de não poder contar com ninguém e de duvidar se realmente tem o que é preciso para seguir adiante. Isso gera sobrecarga desnecessária, ansiedade extrema e, muitas vezes, pode estar fazendo com que você se autossabote.

Além disso, ainda pode afetar todas as áreas da sua vida. No negócio, você hesita em tomar decisões estratégicas, evita delegar e acaba sobrecarregado. Nos relacionamentos, essa desconfiança cria barreiras com clientes, colaboradores e parceiros, tornando difícil construir uma equipe engajada e uma relação de confiança. Na vida pessoal, o estresse constante gera desgaste emocional e até impacta a saúde física e mental, bem como a qualidade de vida.

Em todos esses pontos, duas situações me indignam profundamente. A primeira é ver empreendedores talentosos desistirem por não acreditarem em si mesmos, enquanto outros, com menos preparo, avançam simplesmente porque ousam confiar em si e agir. A segunda é ver líderes tratarem os times como meros executores, sem construir laços de conexão e confiança, e depois se surpreenderem quando enfrentam alta rotatividade e falta de comprometimento. Empreender é, antes de tudo, um exercício de fé: fé em si e nas pessoas. E nenhum grande feito acontece na solidão e na dúvida.

A falta de confiança – em si mesmo e nos outros – não apenas atrasa o progresso, mas também pode matar um negócio antes mesmo de ele ter a chance de crescer. Empreender exige decisões rápidas, coragem para arriscar e, acima de tudo, a capacidade de construir conexões e relacionamentos sólidos. Sem isso, o caminho se torna um campo minado de frustrações e medos.

O que torna essa questão ainda mais crítica é que o tempo não espera. O mercado segue evoluindo rapidamente, oportunidades surgem e desaparecem, e aqueles que hesitam perdem espaço para quem tem coragem de confiar, agir e liderar. Além disso, a desconfiança constante desgasta a energia, mina a motivação e pode levar ao isolamento – um dos maiores perigos para qualquer empreendedor. Você já se sentiu assim?

Analisando com maior profundidade, tudo isso converge na falta de leveza na jornada. O empreendedor se vê sobrecarregado, sempre apagando incêndios porque não confia o suficiente para delegar. Ele tem ideias, mas hesita em colocá-las em prática por medo de errar ou em compartilhar por medo de ser copiado. Ele gostaria de ter uma equipe engajada, mas sente que precisa controlar tudo. Essa luta solitária o impede de crescer, de inovar e, no fundo, de aproveitar verdadeiramente a jornada empreendedora. Porém o impossível só se conquista junto – e essa é a urgência de ter consciência desse tema.

Empreendedores presos a esse problema vivem uma montanha-russa emocional, oscilando entre a frustração de não avançar e o medo de errar. No fundo, carregam um peso invisível: a sensação de que precisam dar conta de tudo sozinhos. Isso gera ansiedade, pois cada decisão parece um risco enorme, e exaustão, porque a desconfiança os impede de dividir responsabilidades. Muitos se sentem estagnados, sem saber se o problema está neles ou nos outros, e essa dúvida os consome diariamente.

O custo de não resolver isso agora é altíssimo. No lado emocional, a sobrecarga leva ao esgotamento, tornando o sonho de empreender um fardo insustentável. No lado prático, negócios promissores perdem força, equipes desmotivadas entregam menos, e oportunidades são desperdiçadas por hesitação. A falta de confiança pode ser a diferença entre crescer e fechar as portas.

Quando o empreendedor perceber que não está sozinho, que outros passaram pelo mesmo e superaram, ele sentirá esperança e motivação. Alguém que microgerencia tudo porque não confia na equipe é um empresário que tem medo de se expor, então deixa ideias no papel enquanto vê concorrentes avançarem. Eu mesmo iniciei contando uma história sobre a minha vida que diz respeito a isso. No seu caso, se você se reconhecer nesses pontos, saberá que é hora de mudar.

E isso tudo acontece por dois motivos principais, em minha percepção. O medo de errar e a fixação com experiências passadas, por exemplo, reforçam a desconfiança. Desde cedo, somos condicionados a acreditar que falhar é algo vergonhoso, o que faz com que muitos empreendedores hesitem em confiar em si mesmos e nas equipes. A insegurança cresce, e a tendência é assumir tudo sozinho, acreditando que delegar é um risco maior do que carregar o peso sozinho.

Depois, temos as influências externas que agravam esse processo. A cultura da competição ensina que "não se pode confiar em ninguém", enquanto experiências familiares e profissionais negativas reforçam essa crença. Se um líder já sofreu uma traição profissional ou viu alguém próximo fracassar por confiar demais, ele pode carregar essa cicatriz, projetando essa desconfiança no presente.

Pode até parecer simples resolver essa dor em um primeiro momento, mas percebo que não é fácil porque nunca aprendemos a construir confiança de maneira estratégica. Fomos ensinados a trabalhar duro, mas não a compartilhar responsabilidades. Sabemos que precisamos de uma equipe forte, mas não sabemos como criá-la. A falta de referência e de ferramentas práticas nos mantém presos ao ciclo de desconfiança e sobrecarga.

Mas há uma solução que apliquei em minha jornada e que você também pode aplicar na sua. Eu a resumiria assim: quando você confiar em si mesmo e nas pessoas ao seu redor, o impossível se torna apenas uma questão de tempo.

A confiança não é um salto no escuro, mas um músculo que precisa ser exercitado todos os dias, de modo paulatino e constante. Empreender exige coragem para acreditar na própria visão e humildade para reconhecer que ninguém chega ao sucesso sozinho. Quando você aprende a confiar de maneira estratégica, ou seja, estabelecendo conexões genuínas, comunicando expectativas com clareza e escolhendo bem as pessoas ao seu redor, começa a construir um ambiente em que as ideias fluem, as responsabilidades são compartilhadas e os resultados aparecem de maneira consistente.

Fazer isso é direcionar uma mudança de mentalidade e de atitude. Assim você poderá sair daqui entendendo que confiança não é ingenuidade, mas sim um dos ativos mais valiosos no mundo dos negócios. Se aplicar os princípios e ferramentas certas, você deixará de carregar tudo sozinho, fortalecerá o seu time e verá que o impossível só se conquista em equipe. Para isso, montei um plano tático para que você possa aumentar os seus resultados, confiando mais em si e nos outros. Vamos lá?

PASSO 1: CONSTRUA A SUA AUTOCONFIANÇA COM PEQUENAS VITÓRIAS

Antes de confiar nos outros, você precisa acreditar em si mesmo. A falta de confiança geralmente vem da sensação de que ainda "não está pronto", mas a verdade é que ninguém se sente 100% pronto antes de começar. O segredo é fortalecer a confiança com pequenas vitórias diárias. Para isso, siga estas três ações:

1. **DEFINA MICROCONQUISTAS:** em vez de esperar um grande marco para se sentir confiante, celebre pequenos avanços. Exemplo: delegou uma tarefa e deu certo? Celebre. Tomou uma decisão difícil? Valorize esse momento. Pequenas vitórias constroem grandes certezas.
2. **REVISE SUAS CONQUISTAS SEMANALMENTE:** anote o que fez bem e o que aprendeu. Isso reprograma a sua mente para enxergar progresso em vez de focar só o que falta.
3. **REESCREVA AS SUAS CRENÇAS LIMITANTES:** se sua mente diz "não sou bom o suficiente para isso", responda com fatos: "já superei desafios piores" ou "posso aprender e melhorar". O que você repete para si se torna sua realidade.

PASSO 2: PRATIQUE A CONFIANÇA ESTRATÉGICA NOS OUTROS

Confiar não significa ser ingênuo; significa dar espaço para que os outros cresçam e contribuam. Empreender sozinho não é sustentável. Uma equipe engajada só existe em locais que proporcionem a confiança mútua. Então siga estas três ações:

1. **DELEGUE COM CLAREZA E ACOMPANHAMENTO:** em vez de apenas passar uma tarefa, explique a expectativa e ofereça suporte inicial. Ao acompanhar, foque mais a orientação do que o controle.

2. **COMECE DELEGANDO PEQUENAS RESPONSABILIDADES:** se você tem medo de confiar, inicie com tarefas de menor risco e vá aumentando o nível de urgência e importância das atividades aos poucos. Isso treina a sua mente para confiar progressivamente.
3. **DEMONSTRE CONFIANÇA PRIMEIRO:** as pessoas tendem a corresponder à forma como são tratadas. Quando você dá autonomia, recebe comprometimento.

Esses são dois passos simples e muito efetivos. Quando aplicados juntos, a confiança vira um ciclo positivo: você confia mais em si, o que permite confiar mais nos outros e, consequentemente, gera um ambiente mais produtivo e resultados melhores.

Colocar esse passo a passo em prática não é apenas uma escolha, é uma necessidade para quem quer crescer e construir algo sólido. Sem confiança em si mesmo, o empreendedor sempre se sentirá incapaz de dar o próximo passo. Sem confiança nos outros, estará preso ao microgerenciamento, sobrecarregado e incapaz de expandir o negócio. A diferença entre os que conquistam o impossível e os que ficam pelo caminho está na disposição de agir, mesmo sem garantias absolutas.

Por isso, confie nas pessoas, confie no processo. No começo pode parecer desconfortável, mas cada pequena atitude em direção à confiança gera um impacto real nos seus resultados. Ninguém nasce pronto para empreender ou liderar. Quem cresce é quem insiste, aprende e ajusta a rota.

Se você está pensando em desistir, pare e reflita: quantas oportunidades você já perdeu por não acreditar em si ou por não confiar nos outros? O que pode acontecer se desta vez você decidir tentar diferente? Você já chegou até aqui. Agora, dê o próximo passo.

O caminho nunca será fácil, mas saiba que você tem tudo de que precisa para avançar. O que vai definir o seu sucesso não é a ausência de desafios, mas a capacidade de superá-los. Acredite, confie e siga em frente. O impossível está logo ali – e você não precisa chegar lá sozinho.

INDICAÇÃO PREMIADA

Quero deixar como bônus uma leitura que complementa este capítulo, o meu livro chamado Os *4 pilares da liderança imbatível*, também publicado pela Editora Gente, em que aprofundo os fundamentos essenciais para liderar com confiança e alcançar grandes resultados. Nele, falo sobre propósito, comunicação, pessoas e resultados, pilares que se conectam diretamente com tudo o que discutimos aqui.

Portanto, se este capítulo ajudou você a enxergar a importância da confiança e das conexões, o livro vai dar ainda mais ferramentas para fortalecer essa mentalidade, assim como aprender a se comunicar com clareza, construir equipes engajadas e transformar desafios em crescimento.

A minha recomendação? Pegue esse conhecimento e aplique! A verdadeira transformação acontece quando você age. O impossível está ao alcance daqueles que confiam, persistem e constroem juntos. Vamos nessa?

RENATO TRISCIUZZI *é especialista em liderança e gestão de equipes. Palestrante internacional, é também mentor de líderes, doutor em Administração de Empresas, mestre em controle de gestão e executivo de auditoria, gestão de riscos e controles. Impulsionado por inspirar pessoas e transformar negócios, soma mais de trinta anos de experiência profissional em empresas como Deloitte, Santander, Vivo, Nexans, Embratel, Invepar, Walmart, Transpetro e ALE. Foi premiado como uma das cinco melhores pesquisas científicas no III Congresso Iberoamericano de Contabilidade de Gestão 2009, na Espanha e vencedor do Prêmio de Excelência do The IIA 2025 na categoria Liderança Global Voluntária. É filho, irmão, marido, pai de dois e avô de três. Nasceu no Rio de Janeiro e trabalhou grande parte da vida em São Paulo. É entusiasta da gastronomia e apaixonado por natação e triatlo. É autor do livro best-seller* Os 4 pilares da liderança imbatível *e coautor dos best-sellers* Foras da curva *e* Sonho sem estratégia não vira realidade, *todos publicados pela Editora Gente.*

@renato.trisciuzzi   Renato Trisciuzzi   @renatotrisciuzzi
renatotrisciuzzi.com

CONCLUSÃO

Se o tempo é o ativo mais valioso que temos, assim como foi possível aprender nas últimas páginas, tenho que agradecer por ter chegado até aqui e garantido que o seu tempo fosse muito bem utilizado com o nosso conteúdo. Fazer isso já é um enorme passo, pois você dedicou tempo, energia, absorveu as histórias e os ensinamentos. Mas agora vem o mais importante: o que fará com tudo isso?

Essas são as nossas últimas páginas, e, como comentei na introdução, não adianta nada fechar o livro e continuar fazendo exatamente as mesmas coisas. Conhecimento sem mudança, sem ação, serve apenas de peso extra em uma bagagem que já é muito pesada. A transformação só acontece com mudança, movimento, com o pensar e agir positivo em direção daquilo que se quer, mesmo que isso represente um pequeno passo. Então tenha confiança para fazer algo. Tenha energia e impulso para agir.

Até porque não podemos esperar nada de ninguém para começar a transformação. Eu dependo apenas de mim, e você depende apenas de você. A vida que queremos depende apenas de nós. Dê, portanto, o passo que estava aguardando há tanto tempo para dar. Pegue tudo o que viu, escolha o primeiro passo a ser aplicado em sua vida e faça, aja. Mesmo que isso signifique mandar uma mensagem para alguém, começar a esboçar um novo projeto, fazer uma ligação para tirá-lo do papel ou colocar uma nova tarefa na agenda que será executada amanhã mesmo.

O importante é sair da inércia e acreditar mais em você, porque, se não o fizer, ninguém o fará. Jamais terceirize a culpa pelo que pode estar acontecendo aí. Acredite quando digo que vale muito mais a pena gastar energia solucionando o problema do que encontrando culpados.

Assim como comentei em meu capítulo, todas as vezes que quebrei poderia ter gastado o meu tempo procurando culpados. Em vez disso, escolhi gastar percebendo que, se estava acordando e tendo a oportunidade de viver um novo dia, era porque tinha a possibilidade de tentar algo novo. Se não estava bom, eu tinha o poder de melhorar. Assim como você também tem!

Então não deixe que o julgamento o defina, que as situações ruins o definam. Veja o que aconteceu como aprendizado e mude. Olhe a partir de uma nova perspectiva. E saiba: você já tem tudo de que precisa para fazer acontecer.

Lembre-se, você não terá êxito em caminhar sozinho, então observe, copie, sirva, auxilie e proteja quem está ao seu lado. Precisamos de todos ao nosso redor. As pessoas são boas, elas só são diferentes!

Agora, só falta acreditar nisso e agir com "fé-licidade".

Um abraço apertado e um sorriso no rosto,

GERALDO RUFINO

SEJA BEM-VINDO, LEITOR, AO TIME DOS IMPROVÁVEIS! AGORA É A SUA VEZ DE CONQUISTAR O IMPOSSÍVEL!

Este livro foi impresso
pela Edições Loyola em
papel lux cream 70 g/m²
em julho de 2025.